Klaus-Peter Dreykorn

Entdecke die geheime Macht in dir!

Dein Wegweiser zu mehr Erfolg!

Shaker Media

Bibliografische Information der Deutschen Nationalbibliothek
Die Deutsche Nationalbibliothek verzeichnet diese Publikation in der Deutschen Nationalbibliografie; detaillierte bibliografische Daten sind im Internet über http://dnb.d-nb.de abrufbar.

Printed in Germany.

ISBN 978-3-86858-691-6

Shaker Media GmbH • Postfach 101818 • 52018 Aachen
Telefon: 02407 / 95964 - 0 • Telefax: 02407 / 95964 - 9
Internet: www.shaker-media.de • E-Mail: info@shaker-media.de

Klaus-Peter Dreykorn

Entdecke die geheime Macht in dir!

Dein Wegweiser zu mehr Erfolg!

Dieses Buch widme ich
den vielen tausend Teilnehmern an
meinen Workshops, Trainings und Seminaren,

meinen Freunden in der „ENB Speakers Society“,
mit unserem Präsidenten Johannes Baier,

meinen Mentoren Dr. Eduard Herz und Dr. Rudolf Stoll,
meinen Wegbegleitern und langjährigen Geschäftsfreunden,
unserer Freundin und Lektorin, Prof. Dr. Ursula Richter,

und ganz besonders meiner Frau Eva Maria,
die mir bis heute
eine wertvolle, unterstützende und
liebende Lebensbegleiterin ist!

Mein Buch ist ein erfolgreicher Ratgeber für Frauen und Männer. Ich habe es in der männlichen Form geschrieben. Das ist keine Diskriminierung des Weiblichen, sondern dient vorwiegend der besseren Lesbarkeit und Textökonomie.

Die genannten Namen in den Fallstudien sind frei erfunden. Tatsächliche Übereinstimmungen sind rein zufällig.

Inhalt

Geleitwort

Wie so viele Menschen habe auch ich oftmals aus einer Intuition heraus das Richtige getan, ohne zu wissen, was wirklich in meinem Inneren geschah. Es ist dieses „Bauchgefühl“, das mir den richtigen Weg gewiesen hat.

Heute, nach 30 Jahren eines erfüllten Zusammenlebens mit meinem Mann, weiß ich, dass es die Kraft meines Unterbewusstseins ist, die Wünsche Wirklichkeit werden lässt.

Wie oft hat mir der wohlwollende Blick meines Mannes geholfen manche schwierige Situation zu meistern. *„Denke vor dem Einschlafen an das was du willst, und was du dir wünschst!“*, waren seine Worte, die mir Kraft gaben, Probleme anzupacken. *„Es gibt keine Probleme, stelle dich der Herausforderung!“*

Viele Gespräche und positive Gedanken haben seither mein Unterbewusstsein geprägt. Ich freue mich, dass mein Mann, Klaus-Peter Dreykorn, seine Erkenntnisse, die er in vielen Jahren als Berater und Coach sammeln konnte, nun in diesem Buch niedergeschrieben hat.

Akribische Recherchen ließen ihn Nacht für Nacht kaum zur Ruhe kommen. So sehr hat ihn das Verlangen gepackt, seine Gedanken in Worte zu fassen und sie in diesem Buch zu schreiben.

Die folgenden Seiten sind eine Zusammenfassung von Erkenntnissen, praktischen Erfahrungen, und wissenschaftlichen Recherchen. Betrachten Sie dieses Buch als einen Praxis-Ratgeber, der Sie auf dem Weg zu beruflichen und privaten Erfolgen begleiten soll.

Aus eigener Erfahrung kann ich sagen, dass der Autor Klaus-Peter Dreykorn alles, was er in diesem Buch schreibt, selbst erfahren und gelebt hat. Es ist ein authentisches Buch geworden und erfüllt mich mit maßlosem Stolz.

Niederfell / Koblenz
Eva Maria Dreykorn

Vorwort

Ein Geheimnis ergründen zu wollen setzt Neugier voraus. Gleichzeitig brauchen wir die Bereitschaft auf Neues, ja, Unerwartetes zu stoßen. Vielleicht auch unerfreuliche Entdeckungen zu machen, scheinbare oder tatsächliche Hürden vorzufinden, und trotzdem nicht aufzugeben.

Es wird also unser Wille verlangt, die geheime Macht in uns zu finden.

Der Titel ist folglich schon das Programm der Entdeckungsreise, auf die uns Klaus-Peter Dreykorn schickt. Natürlich lässt er uns nicht allein. Er nimmt uns bei der Hand, macht uns auf Stolpersteine aufmerksam, zeigt uns deren Überwindung. Einleuchtend und natürlich, niemals belehrend, sondern orientiert an der Wirklichkeit:

Den Herausforderungen der soziologischen, politischen und wirtschaftlichen Veränderungen unserer zunehmend globalisierten Welt, die andere Verhaltensformen und Handlungskompetenzen verlangt, als sie noch vor wenigen Jahren als leitende Konstanten galten.

Wir lernen auf diesem Weg die neuen Herausforderungen zu meistern und werden zielsicher dahin geführt, wo sich unsere Macht erkennen lässt. Gleichzeitig erhalten wir unterstützende Hinweise, wie wir diese erfolgreich im persönlichen und beruflichen Leben einsetzen können.

Dieses Buch ist also auch ein praktisches Buch. Es macht jeden von uns fit für ein erfolgreiches Leben.

Die Botschaft von Klaus-Peter Dreykorn ist jedoch nicht nur ein Plädoyer für Erfolg, sondern auch dafür, die (Mit) Menschlichkeit als Grundlage unseres ziel- und erfolgsorientierten Handelns anzuerkennen. Weg vom egoistischen Konkurrenzdenken und dabei das Selbstwertgefühl entwickeln, das zum selbstbewussten Menschen gehört, der sich weder über- noch unterschätzt.

Ganz gleich, ob Sie sich am Anfang Ihrer Suche nach dem Geheimnis Ihres inneren Machtpotenzials befinden, oder bereits in einer Führungsposition verschiedene Versuche gestartet haben.

Klaus-Peter Dreykorn wird Ihnen mit seinem in diesem Buch dokumentierten Wissen und seiner jahrzehntelangen Erfahrung bei Ihrer Persönlichkeitsentwicklung zum Erfolg verhelfen.

Abensberg-Offenstetten
Prof. Dr. Ursula Richter

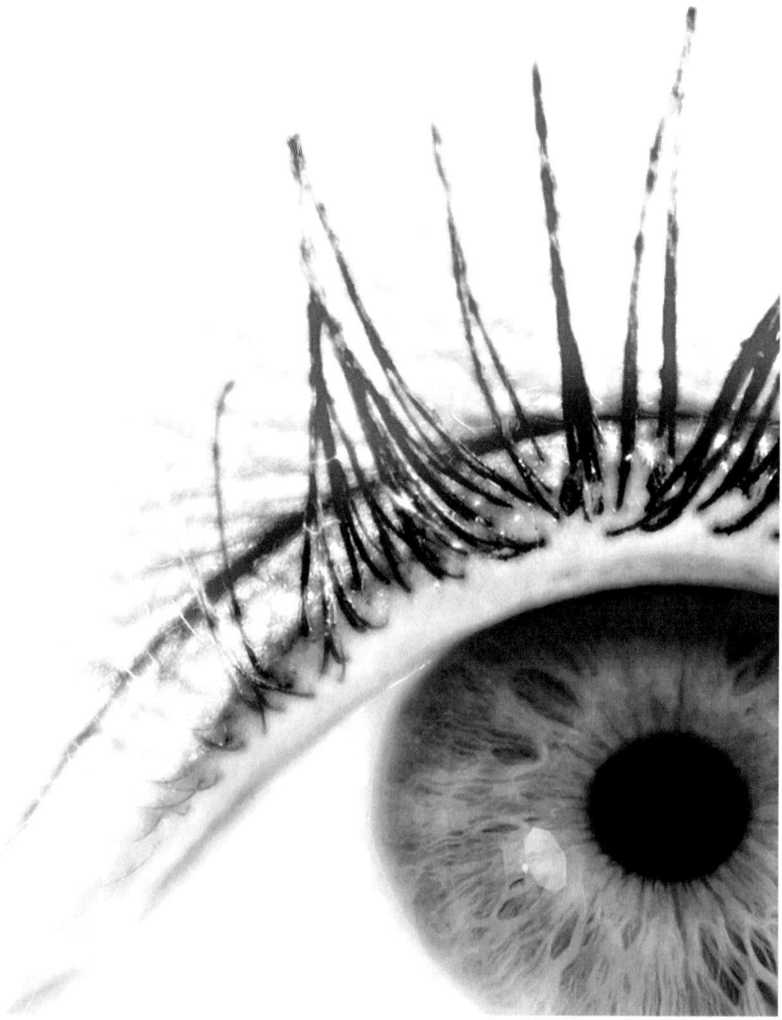

Erstes Kapitel

Was ist die geheime Macht in dir?

Wir sind, was wir denken.
„Alles, was wir sind, entsteht mit unseren Gedanken.
Mit unseren Gedanken machen wir die Welt.“
Buddha

In meinem bisherigen Leben wurde ich immer an einen besonderen Tag erinnert. Es war der 22. September. Mein Geburtstag. Ich wurde einundzwanzig Jahre alt, und somit volljährig. Das war ein wichtiger Schritt für mich.

Meine Geburtstagsfete fand unter freiem Himmel am Steinhuder Meer statt. Mit zwei Freunden baute ich früh morgens die Kote auf (großes Indianerzelt) die ich mir als ehemaliger Kreuzpfadfinder geliehen hatte. Wir richteten die Feuerstelle ein, und stabilisierten den Dreibeingrill.

Nun konnten sie kommen: meine Eltern, meine Freunde und Kollegen. Und sie kamen alle, brachten Steaks, Würstchen und Salate mit. Einer meiner Berufskollegen, nur drei Jahre älter als ich, schenkte mir ein verpacktes Buch, mit dem Kommentar: „Ich hab’ ein irres Buch für dich. Wenn du es gelesen hast, können wir ja mal darüber reden. Einfach unglaublich. Pack’ es erst morgen aus. Heut’ wollen wir erstmal deinen Geburtstag feiern!“

Gesagt, getan. Ich packte das Buch zu den anderen mitgebrachten Geschenken in mein Auto. Erst am nächsten Abend öffnete ich alle Geschenke, unter anderem auch das verpackte Buch. Es war „Die Macht des Unterbewusstseins“ von Dr. Joseph Murphy, welches bereits auf der Bestsellerliste stand. Offen gesagt, wusste ich damals noch nicht so recht, was ich damit anfangen sollte.

Da mich allerdings mein Kollege moralisch gezwungen hatte, mit ihm über das Buch zu sprechen, nahm ich mir vor, jeden Tag nach Arbeitsschluss ein wenig darin zu lesen.

Um es kurz zu machen: Am folgenden Samstagabend hatte ich das Buch durch. Es hatte mich fasziniert. Was wusste ich damals über die Macht des Unterbewusstseins?
Nichts. Mein Berufs begleitendes Psychologie-Studium lag noch weit vor mir.

Zunächst einmal wollte ich mehr Geld verdienen, da ich mein Hotel Elternhaus bereits verlassen hatte. Ich wusste auch schon, dass dieses im Außendienst schneller möglich war. Firmenwagen, Spesen und kostenlose Übernachtungen waren damals für mich enorme Anreize, mehr Geld am Ende eines Monats übrig zu haben. Weil ich angeblich noch zu jung war, so dachte ich, traute ich mich noch nicht zu meinem Chef zu gehen, um ihn nach einer Tätigkeit im Außendienst zu fragen.

Da las ich in dem Buch von Murphy unter vielen wertvollen und überzeugenden Aussagen, Anregungen und Tipps:

Erteilen Sie Ihrem Unterbewusstsein vor dem Einschlafen einen bestimmten Befehl und Sie können sich von seiner Wirkungskraft überzeugen!

Was immer Sie Ihrem Unterbewusstsein einprogrammieren, erscheint schließlich in Ihrem Leben als Situation, Zustand oder Ereignis. Deshalb sollten Sie Gedanken und Vorstellungen Ihres bewussten Denkens sorgfältig auf die negativen und positiven Inhalte überprüfen!

Die Wirkung geht von Ihrem Gedanken aus und die Gegenwirkung besteht in der selbsttätigen Reaktion Ihres Unterbewusstseins darauf!

Gewöhnen Sie Ihr Bewusstsein daran, stets nur das Beste für Sie zu erwarten, und Ihr Unterbewusstsein wird diese Vorstellung zuverlässig verwirklichen!

Ich war innerlich hin und her gerissen. Während mein Verstand über diese Sätze schmunzelte, sagte mir mein Gefühl ‚da kann etwas dran sein'!

Wie heißt es doch: Probieren geht über Studieren. Einen Tag später, es war ein Sonntag, saß ich nachmittags in einem Café, und formulierte mein primäres Ziel „Außendienst", das ich in einen Befehl für mein Unterbewusstsein einsetzen wollte, und notierte es mit drei kurzen Sätzen in mein (damaliges) Tagebuch:

1. Ich will qualifizierter Außendienstler werden.
2. Ich werde diesbezüglich morgen meinen Chef um ein Gespräch bitten.
3. Ich bin bereit die neuen Herausforderungen anzunehmen.

Ich sprach diese Sätze noch etliche Male vor mich hin. Unglaubliche Gedanken gingen mir unter anderem dabei durch den Kopf:

- Ich sah mich bereits in einem neuen Firmenwagen durch die Lande fahren.
- Ich rechnete mir aus, was ich von den Spesen sparen konnte, um es in meine Hobbys zu investieren.
- Ich spielte in Gedanken das Gespräch mit meinem Chef durch, und überlegte, welche Fragen er mir stellen würde. Ganz besonders in Bezug auf mein Alter.
- Ich überlegte, welche Qualifizierungsmaßnahmen für diese neue Tätigkeit auf mich zukommen könnten.

Offen gesagt, kann ich mich nicht erinnern, dass ich jemals

zuvor so konkret über ein Ziel nachgedacht hatte. An diesem Abend befolgte ich den Tipp von Murphy und gab meinem Unterbewusstsein den bewussten Befehl *„Ich will in den Außendienst!“*

Um dich, lieber Leser, nicht länger auf die Folter zu spannen, ahnst du sicherlich schon, was passierte. Genau das, was ich mir vorgenommen hatte. Mein Unterbewusstsein spuckte am nächsten Morgen noch einige zusätzliche Ideen aus, die ich mir am Frühstückstisch sofort notierte.

Das Gespräch mit meinen Chef verlief noch am gleichen Tag außerordentlich positiv, obwohl ich doch nur einen Gesprächstermin haben wollte.

Ich absolvierte sechs Monate lang ein Trainings- und Vorbereitungsprogramm als Referent für Schreib- und Kunsterziehung im pädagogischen Beratungsdienst des Unternehmens (namhafter Hersteller von Produkten für das Schreiben, Malen und Zeichnen), und bot Schulungen für Lehrer bis zur Sekundarstufe I. an.

Nur sieben Monate später saß ich stolz wie ein Spanier in meinem neuen Firmenwagen. Ich hatte mein Ziel erreicht.

Seit dieser Zeit habe ich für mich zwei Kernsätze gespeichert:

- **Es gibt für mich und mein Leben keine Zufälle mehr.**
- **Ich bin selbst der Schmied meines Glücks.**

Die geheime Macht in dir bildet sich im Wesentlichen aus drei inneren Fähigkeiten:

1. Deine sich selbst erfüllende Prophezeiung

Vor einigen Jahren traf ich Frau Vera Birkenbihl mit ihrem Wohnmobil auf einer deutschen Raststätte. Eine außergewöhnliche Kollegin, die ich sehr schätze, weil sie didaktisch und methodisch in der Fort- und Weiterbildung Maßstäbe gesetzt hat.

Wir kamen ins Gespräch, und unterhielten uns unter anderem auch über den „Glauben, der Berge versetzen kann", und dass gerade hierin die große Chance der sich selbst erfüllenden Prophezeiung liegt, die eine Lebensqualität wesentlich verbessern kann.

Während meiner Weiterfahrt nach München dachte ich noch intensiver hierüber nach. Wie kommt es, so stellte ich mir die Frage, dass so viele Menschen sich fast tagtäglich die falschen (negativen) Geistesbefehle geben?

Mir fielen dabei einige meiner Freunde ein, die mir gerade in letzter Zeit viele Antworten zu meiner Frage boten. Der eine ist ein erfolgreicher Unternehmer, der sein Unterbewusstsein schon seit Jahren mit dem Satz „ich kann nicht singen" füttert. Somit beweist er sich selbst seine diesbezügliche Unfähigkeit, **weil er will, dass sein Verstand Recht behält.**

Ein Bekannter in unserer Runde ist ein begabter Maler, der fest im Glauben ist, dass er nicht reden kann. Sein Geistesbefehl lautet schon seit Jahren „ich kann malen und keine Reden halten". Auf meine Reaktion, *wer sprechen kann, kann auch reden*, antwortete er nur: „Lass' mich in Ruhe mit deinem Psychoquatsch", wandte sich ab, und ging wieder zu seiner

Staffelei. Er will, dass sein Verstand Recht behält, was ihm dann auch von seinem Unterbewusstsein bestätigt wird.

Beide werden lange nicht darüber nachdenken, welche geheime Macht sie in sich haben. Ich bin sicher, dass sich das eines Tages für beide ändern wird.

2. Die Kraft deiner Vorstellungsfähigkeit

Wie meistens am Samstagabend schaute ich mir auch gestern das aktuelle Sportstudio im ZDF an. Katrin Müller-Hohenstein hatte unter anderem die Frauenfußball-Nationalspielerin Kim Kulig zu Gast.

Die Sportmoderatorin entlockte der A-Nationalspielerin Kim Kulig folgende Antwort:
„Es war schon immer **mein Traum** A-Nationalspielerin zu werden."

Denke einmal an das Sprichwort: *„Ein Bild sagt mehr als tausend Worte!"* Kim Kulig hatte ein ganz klares Bild vor Augen. Dieses Bild ging als Geistesbefehl in das Unterbewusstsein, und hat sich dort manifestiert. **Heute ist sie eine herausragende Nationalspielerin im deutschen Fußball.**

In seinem Werk *„Principles of Psychology"* hat der amerikanische Psychologe William James ausdrücklich darauf hingewiesen, dass das Unterbewusstsein jedes unbeirrt festgehaltene Vorstellungsbild verwirklicht: *„Tue so, als ob ich bereits da wäre, und ich werde da sein."*

3. Die Kraft deiner Intuition

Hattest du schon einmal Eingebungen, Ahnungen, *‚ein gutes Gefühl'*? Dann hast du die Intuition schon in dir gespürt. Vielleicht hast du auch selbst schon einmal gesagt: *„Da muss*

ich erst eine Nacht drüber schlafen.“ oder *„Mein Gefühl sagt mir ....“* oder *„Das entscheide ich meist aus dem Bauch heraus.“*
Was steckt hinter solchen Äußerungen?
Deine Intuition verarbeitet eine verstandesmäßige Information zunächst in deinem Unterbewusstsein, und schaltet dein Bewusstsein ein, wenn sich eine mögliche Lösung abzeichnet.

Der Psychologe Carl Gustav Jung, sagt hierzu unter anderem:

Die Intuition ist eine psychologische Grundfunktion, die eine Wahrnehmung künftiger Entwicklungen mit all ihren Optionen und Potenzialen ermöglicht. Sie wird meist als instinktives Erfassen oder als gefühlsmäßige Ahnung wahrgenommen.

Noch ein intuitives selbst erlebtes Beispiel:

Ich nahm in Kirschhausen an der Bergstraße an einem 4-Tage-Rhetorik-Seminar „Die freie Rede“ teil. Der Trainer, Dr. Rudolf Stoll, der auch später mein Mentor wurde, begeisterte alle Teilnehmer, und vor allem mich.

Am letzten Seminartag nahm mich Dr. Stoll zur Seite und sagte zu mir: *„Sie waren der Beste in diesem Training. Machen Sie was daraus!“*

Ich schaute ihn erstaunt und stolz zugleich an, und fragte: *„Meinen Sie, ich könnte auch solch ein Seminar geben?“* Diese meine Ahnung und Eingebung (Intuition) kommentierte er mit den Worten: *“Sie brauchen nur noch ein wenig didaktisches Können. Das bringe ich Ihnen gerne bei.“*

Außer mir vor Freude nahm ich dieses Angebot sofort an. Ich besuchte ihn oft in Frankfurt/Main, wo er Philosophie lehrte.

Bereits ein Jahr später hielt ich meine ersten Rhetorik-

Seminare an Volkshochschulen und Bildungsinstitutionen ab. Alle meine Seminare waren bis auf den letzten Platz ausgebucht. Führungskräfte, die in meinen Seminaren teilnahmen, fragten mich, ob ich auch Trainings in ihren Firmen geben könnte?

Was wurde aus meinem damaligen Gedankenblitz (meiner Eingebung) ***„Meinen Sie, ich könnte auch solch ein Seminar geben?“***

Nebenberuflich gründete ich den Verein RMS (Rhetorik, Menschenführung, Selbstentfaltung), und das Institut für angewandte soziale Fähigkeiten (ISF), was hauptberuflich am 01. Januar 1980 zum ISF Management Consulting wurde.

...eine Gedankenblitz-Frage!

Kommst du bei deinen Freunden und Geschäftspartnern wirklich so an, wie du es dir wünschst?

Ein Großteil zwischenmenschlicher Kontakte (human appeal) ist heute von einer nie gekannten Flüchtigkeit und Unverbindlichkeit geprägt.
Hauptsache, die 'Benutzeroberfläche' ist möglichst unkompliziert.
Wir nehmen im Alltag oft nur den Ausschnitt einer Person zur Kenntnis, der uns gerade interessiert, oder für uns funktional ist.
Wir selbst präsentieren uns gerne so, wie wir in einer bestimmten Situation gesehen werden wollen: möglichst nett, unkompliziert, kompetent, dynamisch, oder was sonst gerade erwartet wird (Rollenverhalten).

Nachteil:
Wir beurteilen, bewerten und wählen Menschen zu sehr nach deren Präsentationsleistung aus.

Unter den Bedingungen der neuen Oberflächlichkeit verkümmert unser Instinkt, der uns befähigt, einen Menschen richtig zu erfassen. Wir sitzen dem Image auf, das andere projizieren. Wir wollen häufig nur das sehen, was uns in den Kram passt.

Und deshalb unterlaufen uns immer wieder die gleichen Verhaltensfehler und bewirken auch immer wieder die gleichen Missverständnisse.

Genau hierfür brauchen wir Hilfe, Unterstützung und Förderung.
Damit du generelle, immer wiederkehrende Verhaltens- und Verhandlungsfehler eliminieren kannst, gibt es jetzt einen neuen Weg:

Meine PROTORING®-Erfolgsmethode,
die du in diesem Buch ausführlich kennen lernst und schätzen wirst!

Doch wie machst du Deinem Partner etwas klar, wenn du selbst Mühe hast, Gefühle zu artikulieren und deutlich auszusprechen?
Meine PROTORING®-Erfolgsmethode basiert auf Vertrauen, gegenseitigem Respekt und Verlässlichkeit, damit wir Menschen begeistern und gewinnen können.

Wie soll dir das gelingen, wenn du dich vorwiegend von einer Logik beeinflussen lässt, und deine Gefühle hierdurch eine untergeordnete Rolle spielen?

Meine PROTORING®-Erfolgsmethode beinhaltet Selbstexplorationen (Selbsterforschung), die Mut und Rückgrat stärken. Klar, deutlich und wirkungsvoll.

Wie willst du etwas anwenden und in die Praxis umsetzen, wenn du es nicht kennst?

Meine PROTORING®-Erfolgsmethode ist ein Synergie-Prozess für das überzeugende

VERHALTEN, DENKEN, REDEN und HANDELN,

vor allem in den so wichtigen persönlichen und sozialen Kompetenzbereichen des Menschen!

Die wichtigsten lösungs- und ergebnisorientierten Herausforderungen lernst du in diesem Buch kennen, die du trainieren und verstärken kannst, damit deine Fähigkeiten gegenseitig wirken können.

Wie ist meine PROTORING®-Erfolgsmethode entstanden?

Seit mehr als 30 Jahren berate, trainiere und coache ich Führungskräfte und Mitarbeiter in Industrie, Handel, und Dienstleistungsbereichen.

Die Summe der Erfahrungen, die ich durch Beobachtung meiner Teilnehmer machen durfte, wies mich immer wieder auf die bedeutenden persönlichen und sozialen Kompetenzen hin, die gezielter und erfolgreicher gesteigert werden können.

Es war vorwiegend die innere Einstellung meiner Trainingsteilnehmer, die ich dir anhand eines prägnanten Beispiels deutlich aufzeigen werde. Diese innere Einstellung und Haltung vieler Menschen war auch meine Motivation, dieses Buch zu schreiben.

Aufgefallen ist mir, dass viele Menschen auf der Suche nach mehr Lebendigkeit und Freude am Leben sind. Oft jedoch haben wir Hemmungen auszudrücken, was uns bewegt. Wir fühlen uns unsicher, unzufrieden und haben das Gefühl, dass das Leben in Teilbereichen irgendwie an uns vorüber geht.

Tagtäglich vermeiden viele Menschen spontanes Denken und Handeln, ziehen die Schultern hoch, beißen die Zähne zusammen, wenden sich ab.

Diese Verhaltensmuster, die wir oft aufrechterhalten, obwohl uns rational bewusst ist, dass diese Muster uns einengen und unsere psychologische Entwicklung behindern.

Deshalb konzentriere ich mich auf die wesentlichen persönlichen und sozialen Fähigkeiten, die du im zweiten Teil meines Buches selbst trainieren kannst, bzw. solltest.
Halte dich strikt an meine Tipps und Anregungen. Trainiere wirklich. Immer wieder. Dann erkennst du:

Besser werden ist verblüffend einfach und einfach verblüffend!

Schema + grafische Darstellung der PROTORING®-Erfolgsmethode:

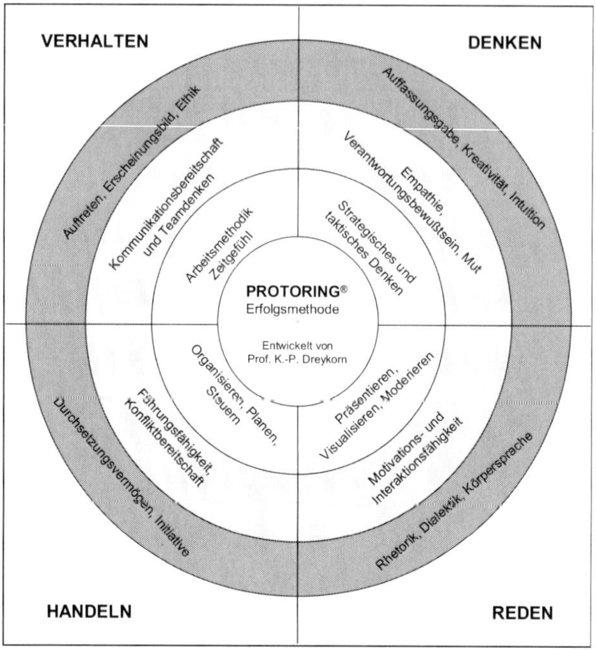

Gesetzlich geschützt: BPA Nr. 397 29 922 am 5. Nov. 1997

Besonders die beiden äußeren Ringe symbolisieren die wichtigsten Fähigkeiten (Skills) einer Persönlichkeit, denen wir uns intensiv in diesem Buch widmen werden!

- = **persönliche Kompetenzen**
- = **soziale Kompetenzen**
- = methodische Kompetenzen

Die PROTORING®-Erfolgsmethode garantiert eine ständige Weiterentwicklung im Verhalten, Denken, Reden und Handeln!

In diesen Entwicklungsprozess greifen die biologische Reife, das individuelle Lernen und die Sozialisation in komplexer Weise ineinander.

Dieser Prozess ist eingebettet in die Entwicklung der folgenden wirkungsvollen Entwicklungsfelder:

Auftreten, Körpersprache, Ausdrucksvermögen.

Ich bringe diese zeitgeistorientierten Funktionen in der von mir entwickelten **PROTORING®-Erfolgsmethode** auf den Punkt, und orientierte mich dabei an den vom Genfer Entwicklungspsychologen, Jean Piaget, erforschten Stadien der kognitiven Entwicklung.
Integriert wurden von mir unter anderem auch Erkenntnisse von S. Freud, C. G. Jung, C. Rogers, F. Schulz von Thun und A. Murray, die sich vielfältig mit der Persönlichkeitsentwicklung auseinander gesetzt haben.

In jedem Stadium werden charakteristische Schemata gebildet, die zu einer erfolgsorientierten Strukturierung von Verhalten, Denken, Reden und Handeln führen.

Die **PROTORING®-Erfolgsmethode** ist ein solches Erfolgsschema, mit einer ständig fortschreitenden Entwicklung.

Ganz bewusst stelle ich in meiner PROTORING®-Erfolgsmethode die kognitive Persönlichkeitsentwicklung der persönlichen, sozialen und methodischen Kompetenzen in den Vordergrund.

Das sorgt für ein konsequentes, individuelles Wachsen und Werden, und garantiert somit die Steigerung der eigenen Lebenskompetenz!

Die vier „geheimen" Faktoren meiner PROTORING®-Erfolgsmethode für die Stärkung deiner Willenskraft:

*PRO*TORING
Das pro-aktive Verhalten, Denken, Reden und Handeln steht für dich ab sofort im Vordergrund deines Tuns.

P*ROTOR*ING
Gemeint sind die rotierenden, inneren Antriebskräfte, die für dich eine gesteigerte Selbstmotivation zur Folge haben.

PRO*TOR*ING
Sinnbildlich muss das innere, psychologische ‚Tor' geöffnet sein, damit du Hürden und Hindernisse offen annimmst und beseitigen kannst.

PROTO*RING*
All unser Tun und Streben bedarf heute sozialer Interaktion und allgemeiner Kommunikation. Hierdurch entstehen wertvolle, psychologische Netzwerke, die für dich eine wichtige persönliche Einheit (Ring) für das eigene Wachsen und Werden bilden.

Meine PROTORING®-Erfolgsmethode

> basiert auf Vertrauen und gegenseitigem Respekt, damit du Menschen motivieren und führen kannst
>
> garantiert, dass du viele Menschen begeistern und überzeugen kannst
>
> erhöht die Wirkung deiner Persönlichkeit
>
> steigert deine persönlichen, sozialen und methodischen Fähigkeiten
>
> fördert deine Gesprächsführung und Verhandlungskunst

Die Psycho-Fallen im Elternhaus

In meiner Jugend bin ich vorwiegend von meiner Mutter erzogen worden. Das führte auch dazu, dass ich mich schnellstens abnabelte, und mein Elternhaus verließ. Ich wollte kein ‚Hotel Elternhaus' mehr, weil ich die Gefahr spürte, dass hieraus mehr und mehr ein „Selbstentfaltungs-Gefängnis" wurde.

Natürlich ist es verständlich, dass Eltern ‚das Beste' für ihr Kind wollen. Doch woher wollten sie wissen, was wirklich das Beste für mich war?

Egal, was sie sagten und was sie meinten, dahinter sah ich jedes Mal den versteckten Zeigefinger meiner Mutter. Teuflisch nur, dass ich als Heranwachsender noch nicht so kontern konnte, wie ich es innerlich gerne getan hätte.

Jedoch spürte ich, dass hinter all den Geboten und Verboten die psychologischen Schranken für mich größer und größer wurden. Das einzige worin ich mich voll und ganz entfalten durfte war das Lernen in der Schule, wobei selbstverständlich gute Noten erwartet wurden.

Je erwachsener ich wurde, desto mehr gingen mir die ‚Lebensweisheiten' der Erwachsenen auf die Nerven, vor allem deshalb, weil sich diese in unterschiedlichsten Situationen immer wiederholten.
Aus vielen Gesprächen mit Freunden, Bekannten, Kommilitonen, Kollegen und selbst mit meinen Seminarteilnehmern weiß ich, dass alle in ihrer Erziehung ähnliches erlebt haben. Es waren die gut gemeinten ‚Ratschläge', aus denen oft psychologische Schläge und innere Blockierungen wurden.

Es bildeten sich vor allem Regeln einer „schwarzen Pädagogik" auf deren Befolgung auch heute noch viele Eltern wert legen:

- Gehorsam
- Ordnungsliebe
- Sauberkeit

Kinder werden oft als lieb und brav bezeichnet, wenn sie genau so denken und sich verhalten, wie Eltern es sich wünschen. Somit werden unterschwellig auch die Gefühle und Wünsche des Kindes beherrscht.

Hierzu gehören die Lebensweisheiten in ständigen DU-Botschaften, die uns blockieren, und gegen die wir uns als

Kind kaum wehren, geschweige denn schützen können.

Welche der folgenden DU-Botschaften (Blockierungen / Hindernisse) sind dir noch in Erinnerung, die du bei deinen Kindern, in deiner Familie oder deinen privaten und beruflichen Sozialpartnern nie anwenden solltest?

„Ich meine es nur gut mit dir!“

Dieser Satz wird oft zu einer moralischen Instanz, wenn derjenige der dies sagt, selbst nicht mehr weiter weiß, und dir symbolisieren will, dass er auf deiner Seite ist und sich um dich sorgt. Das hast du wahrscheinlich bis zu deinem zehnten, zwölften Lebensjahr akzeptiert. Doch später hast du dir innerlich die Frage gestellt:

„Woher willst du wissen, was wirklich gut für mich ist?

„Lass' dich nicht von Fremden ansprechen!“

Dieser Ratschlag war damals und ist auch heute noch sicherlich sinnvoll, ganz besonders für unsere Kinder. Fatal nur, dass ein solcher Satz, verbunden mit dem symbolischen Zeigefinger, bis heute in uns hält. Das macht uns nicht nur befangen, sondern schmälert unsere Kontaktfähigkeit. Wir schweigen lieber, statt auf Menschen zuzugehen.

Du wirst durch ein solches Verhalten nie erfahren, wie viele gute Kontakte oder berufliche Chancen du bereits verloren hast. Umgekehrt wird ein Schuh daraus:

„Mache du den ersten Schritt, der andere wartet schon darauf!“

„Schäm' dich!"

Diese Aussage ist gerade für einen jungen Menschen schädlich, ganz besonders für die eigene innere Identität. G. Kaufmann bringt es in seinem Buch ‚SHAME' auf den Punkt:

„Scham ist eine Krankheit der Seele. Sie ist die bitterste Selbsterfahrung, ganz gleich, ob sie als Erniedrigung, Feigheit oder als Scheitern im Umgang mit einer Herausforderung empfunden wird. Scham ist eine Wunde, die von innen heraus schmerzt."

„Du bist schuld!"

Wie reagieren die meisten Menschen hierauf?

„Immer ich." (Trotz)
„Das war ich nicht". (Schuldzuweisung an andere)
„Hast wohl keinen anderen gefunden?" (Opferdenken)
„Du hast mich sowieso auf dem Kieker!" (Missbilligung)
„Du kannst mich mal!" (Entwürdigung)

Es gibt nur das lösungsorientierte Denken gegen diese DU-Botschaft!

Analysiere diese Schuldzuweisung mit folgenden offenen Fragen:

1. Was hat sich konkret ereignet?
2. Wer hat sich daran beteiligt?
3. Warum ist was schief gelaufen?
4. Welche Korrekturen sind notwendig?
5. Wie lässt sich eine solche ‚Schuld' künftig vermeiden?

Da **Scham und Schuld** nahe beieinander liegen, möchte ich

dir die psychologischen Deutungen von John Bradshaw näher bringen:

Scham:	mit mir ist etwas nicht in Ordnung
Schuld:	ich habe etwas getan, was nicht in Ordnung ist.
Scham:	ich bin ein ‚Fehler'
Schuld:	ich habe einen Fehler gemacht
Scham:	ich bin nicht gut
Schuld:	was ich getan habe, war nicht gut

Diese Aussagen unterscheiden sich enorm voneinander.

„Solange du die Füße unter unseren Tisch stellst, …!"

Solch ein Satz baut große innere Blockierungen auf. Er gehört zu einer Befehlsform die einer ‚Beugehaft' gleichkommt. Er sagt dir, dass du nicht machen kannst, was du möchtest. Ein schlimmer Satz, der dich spüren lässt, dass Liebe, Geborgenheit und Zuwendung nur dann möglich sind, wenn du bereit bist zu funktionieren! Er hat auch nichts mit der Rücksicht zu tun, die selbstverständlich ist, wenn wir mit anderen auf engstem Raum zusammen leben.

„Männer wollen immer nur das eine!"

Wenn du eine Leserin meines Buches bist, wirst du diesen Satz bestimmt schon mal gehört haben. Besonders interessant, wenn dieser Satz von deinem Vater stammte. Woher weiß er das wohl? Doch Spaß beiseite.

Wahrscheinlich hatten deine Eltern ein bisschen recht mit diesem Satz, insbesondere noch zu Zeiten deiner Pubertät. Doch lässt der sexuelle Druck auf dem Weg zu den Duschen in der Sporthalle (als Schülerin), oder zum Tagungszentrum in deinem Berufsleben nach.

Du hast schon längst gelernt, dass nicht jeder Mann nur darauf wartet dich schnell ‚vernaschen' zu können.
Diese sechs Erziehungsblockaden, und andere mehr, haben viele Menschen oft für ihr ganzes Leben geprägt.

Vielleicht auch dich?
Wenn ja, solltest du schnellstens die innere Abnabelung in Angriff nehmen! Je eher, desto besser. Sich abzunabeln bedeutet innere Freiheit in Selbstverwirklichung und vor allem in Selbstverantwortung!

Die vier Lebensanschauungen aus der Transaktionsanalyse

Die Psychologie trennt nicht mehr mechanisch zwischen Sender und Empfänger, sondern untersucht das ununterbrochene HIN und HER (Transaktion) zwischen zwei oder mehreren Menschen. Geistiger Urheber war Dr. Eric Berne.

1. Ich bin o.k. – Du bist o.k.

Das Lebenskonzept "Ich bin o.k. - Du bist o.k." weist auf eine potentiell geistig-gesunde Einstellung zu sich und zu seiner Umgebung hin. Gehst du mit dieser Einstellung auf Probleme und Menschen ein, bedeutet dies, dass du positiv und konstruktiv eingestellt bist.
Hindernisse und Konfrontationen werden eindeutig vom Erwachsenen-Ich angepackt und zu lösen versucht.

2. Ich bin o.k. – Du bist nicht o.k.
Diese Grundeinstellung ist die Anschauung von Menschen, die sich "über ihrer Umgebung" sehen. Es sind Menschen, die weitgehend von einer Eltern-Ich-Position heraus ihre Umgebungsprobleme und -beziehungen zu steuern und zu lösen versuchen. Ein Mensch, der sich über die anderen erhebt oder ständig von einer "Ich bin o.k. - Du bist nicht o.k." Position heraus redet oder handelt, ist ein Mensch, der im Grunde genommen Kontakte zurückweist.
Er agiert und reagiert in einer Kontakte abweisenden Richtung.

3. Du bist o.k. – Ich bin nicht o.k.

Die Grundeinstellung "Ich bin nicht o.k. - Du bist o.k." weist auf Menschen, die sich der Umwelt gegenüber schwach oder zumindest schwächer vorkommen und die oft Minderwertigkeitsgefühle haben. Analysiert man das Verhalten solcher Menschen genauer, so wird man erkennen müssen, dass sie **eine starke Tendenz haben, bei Schwierigkeiten aus dem Kindheits-Ich heraus zu agieren.**

4. Ich bin nicht o.k. – Du bist nicht o.k.
Menschen, die unter dem Eindruck stehen, sie seien nicht viel Wert, die Umgebung aber auch nicht, haben **sehr oft das Vertrauen in das Leben verloren.** Es sind Menschen, die irgendwie resigniert und damit aufgehört haben zu kämpfen.
Die aus dieser Einstellung hörbare Botschaft heißt:
"Es lohnt sich eh nicht..." - "Es bringt doch alles nichts..."

Deine innere Einstellung ist entscheidend!
Nicht der äußere Rahmen.

Ein Beispiel aus der Praxis, das dich erstaunen wird. Du wirst erkennen, dass ich auch hier meine generelle Lebensanschau-

ung „Ich bin o.k. – Du bist o.k." eingesetzt habe.
Es war im Spätsommer 2008. Mein Klient Thomas S., Inhaber einer Holzhandelsgruppe im Raum Köln-Aachen, bat mich mit seinem Niederlassungsleiter Bernd E. bezüglich eines Mitarbeiters zu sprechen. „Sie müssen unbedingt kommen. Wir brauchen Ihre Hilfe!"

Zwei Tage später saß ich Bernd E. in der Niederlassung gegenüber.
„Es geht um unseren Mitarbeiter Manfred Mayer (Name geändert), den ich gerne zum Gebietsverkaufsleiter befördern würde. Er ist eigentlich der richtige Mann für diese Position. Seine Ausbildung und seine Erfahrungen stimmen. Und dennoch zögere ich ihn zu befördern."

„Was ist der wirkliche Grund für Ihr Zögern?" fragte ich Bernd E..

„Ich weiß, dass Herr Mayer ein guter Mann ist. Und dennoch: es fehlt ihm an Schwung und Einsatzfreude. Es fehlt ihm die Begeisterung für seinen Job. Wenn Sie das bei ihm hinbekommen, wäre er der absolut richtige Mann für diesen Posten."

„Wann soll die Position des Gebietsverkaufsleiters besetzt werden?"

„Spätestens in drei Monaten." antwortete mir Herr E..

Ich dachte ein Weile nach und sagte: „Vielleicht liegt es an seiner Denkweise, und er ist nie geweckt worden."

„Da könnten Sie Recht haben. Diesen fehlenden ‚Wecker', wie Sie es sagen, entdecke ich bei vielen meiner Mitarbeiter. Die meisten verfügen sicherlich über Möglichkeiten, die sie selbst nicht erkannt haben, und deshalb nicht verwirklichen

können. Im Falle Manfred Mayer wünsche ich mir, dass ihm das gelingt.“
Mit Herrn E. vereinbarte ich einen Termin im kommenden Monat, mit der Zusage, dass ich dann ein intensives Gespräch mit Herrn Mayer führe.

Als ich anschließend vor einem Bistro auf der Strassenterrasse saß, beobachtete ich die vorübergehenden Menschen. Ich entdeckte nur wenige Leute, deren Mimik und Haltung eine Lebensfreude zeigten.
Ich sah vielmehr sorgenvolle und unzufriedene Gesichter, was sich insbesondere noch durch einen ‚gedrückten' Gang bemerkbar machte.

Meine Erfahrung sagt mir, dass sich wahrscheinlich zu viele Menschen mit ihren privaten oder beruflichen Gegebenheiten abfinden, statt ihre inneren Kräfte zu mobilisieren!

In den letzten 30 Jahren konnte ich beobachten, dass nur ganz bestimmte Typen ihre Ziele erreichten. Sie alle hatten eines gemeinsam:
Die Fähigkeit, andere selbst in unbequemen Situationen noch motivieren und begeistern zu können!

Zu Hause angekommen, überlegte ich, wie ich Manfred Mayer helfen konnte. Doch das war leichter gesagt, als getan.
Vierzehn Tage später saß ich Manfred Mayer (MM) im Besprechungsraum der Niederlassung gegenüber.
„Darf ich unser Gespräch aufzeichnen?“

MM: *„Wozu soll das gut sein?“*

„Damit wir beide gemeinsam ab und zu auf bestimmte Überlegungen zurückgreifen können.“

MM: *„Okay, aber nur, wenn das Band wieder gelöscht*

wird.“
„Das ist selbstverständlich. Sie können es jedoch auch gerne selbst mitnehmen, oder löschen.“

MM: *„Einverstanden.“*

„Herr Mayer, wie beurteilen Sie Ihre Tätigkeit hier im Hause?“

MM: *„Im Grunde genommen langweilig. Es ist jeden Tag das Gleiche. Sie wissen ja, wie das ist. Kunden meckern, kommen und gehen. Dann der ewige Preiskampf. Da fällt es einem schwer, noch Freude an seinem Job zu haben.“*

„Das überrascht mich, zumal Sie ja täglich auch Entscheidungen treffen müssen.“

MM: *„Dass ich nicht lache. Hier trifft kein Mensch Entscheidungen. Nur wenn mal was schief läuft, dann geht's rund.“*
Mir wurde klar, dass Manfred Mayer in einem hohen Maße unzufrieden war. Von Begeisterung zu seinem Job konnte keine Rede sein.
Ich nannte Herrn Mayer nun den wahren Grund unseres Gespräches.

MM: *„Ich muss doch kein Clown oder Streber sein, nur damit ich Gebietsverkaufsleiter werden kann.“*

„Was hat Begeisterung für einen Job mit Clownerie oder Strebertum zu tun, Herr Mayer?“

MM: *„Stimmt, da haben Sie recht. Eigentlich gar nichts.“*

„So ist es. Lassen Sie uns vielmehr gemeinsam einen Weg finden, wie Sie mit Freude und Begeisterung Gebietsverkaufsleiter werden können.“

MM: *„Da bin ich jedoch gespannt."*

„Stimmen Sie mir zu, dass Unzufriedenheit und eine innere begeisterte Haltung nicht vereinbar sind?"

MM: *„Hmm, das mag schon sein."*

„Deshalb ist es wichtig, dass Sie erst einmal Ihren Frust ‚abladen'. Was gefällt Ihnen in Ihrem Job überhaupt nicht?

Manfred Mayer schilderte mir eine Fülle an Unzufriedenheiten, mit seinem Chef, seinen Kollegen, seinen Kunden. Nach rund zwei Stunden kam von ihm der Schlüsselsatz, auf den ich wartete.

MM: „*Na ja, wenn ich ehrlich bin, liegt es wahrscheinlich auch an mir. Ich hätte öfters sagen sollen, was ich denke. Zumindest mal mit meinem Chef reden müssen."*

„Und warum haben Sie es nicht getan?"

MM: *„Ja, warum eigentlich nicht? – Ich dachte wahrscheinlich, dass es eh nichts bringt."*

„Merken Sie was? Ihre Unzufriedenheit hat Sie blockiert."

Herr Mayer wurde nachdenklich, rutschte auf seinem Stuhl etwas hin und her. Es arbeitete in ihm. Er schaute aus dem Fenster und dachte nach.
Ich räumte ihm Zeit ein. Dann sagte ich zu ihm:

„Ich mache Ihnen mal einen ungewöhnlichen Vorschlag, Herr Mayer. Versuchen Sie ab sofort nicht mehr die Menschen allgemein zu sehen. Konzentrieren Sie sich auf den einzelnen Menschen. Sprechen Sie ganz bewusst mit jedem Einzelnen, lächeln Sie dabei, und wünschen Sie diesem Menschen von

Ihrem inneren heraus nur das Beste!“
MM: *„Das ist wieder so ein typischer Tipp von Ihnen. Doch ich werde es versuchen.“*

„Fangen Sie damit direkt an. Mit Ihren Kollegen, heute Abend mit Ihrer Frau, Ihrem Sohn, Ihrem Nachbarn. Sie werden staunen, was geschieht. Ich freue mich auf unser nächstes Gespräch in vierzehn Tagen.“

Das Ergebnis wird dich nicht überraschen. Herr Mayer korrigierte sein „Menschenbild“ tatsächlich, weil er alleine durch sein Lächeln positives Feedback bekam. Natürlich kamen noch andere Trainingsbausteine hinzu. Mayers innere Anlagen waren gut. Er war nur stets zu ruhig, zu sehr in sich gekehrt. Mein kleiner, ja sicherlich ungewöhnlicher Tipp, hat bei ihm etwas ganz bestimmtes ausgelöst:

1. Herr Mayer hat gelernt, dass die innere Begeisterung wichtig ist, ganz besonders, wenn ich Führung und Verantwortung übernehmen will.
2. Herr Mayer hat gelernt, sich zunächst einmal so zu sehen, wie er im Umgang mit anderen bisher war. Gute Fähigkeiten, jedoch ohne die innere Begeisterung.
3. Herr Mayer hat gelernt, dass er jede Unzufriedenheit sofort ansprechen muss, damit keine Häufung entsteht, die seine Begeisterungsfähigkeit untergräbt.
4. Herr Mayer hat gelernt, dass es sich lohnt, öfter mal über sein eigenes Verhalten nachzudenken.

Nun willst Du sicherlich auch wissen, wie die Geschichte mit Herrn Mayer ausgegangen ist. Einfach grandios.

Manfred Mayer wurde am 1. Januar 2009 zum Gebietsverkaufsleiter befördert. Seine ‚Wandlung’ war beeindruckend. Im Sommer 2010 übernahm er zusätzlich die Leitung des „Vertrieb Aussendienst“. Sein Chef, Niederlassungsleiter

Bernd E., ist von ihm begeistert.

Ergänzend zu diesem Beispiel gebe ich Dir noch einen Tipp, was ich bereits Ende der 60ziger Jahre von Dale Carnegie gelernt habe, der in einem seiner vielen Bücher sagte:

„Ich fand einen Kniff heraus, meine natürliche Begeisterung für das Leben und für meine Arbeit jeweils rasch wieder zurück zu gewinnen.
Ich stellte mir vor, ich hätte alles verloren: Arbeit, Besitz, Ruf, Familie, einfach alles, was mir etwas bedeutete, und ich säße im tiefsten Schlamassel. Dann zählte ich zusammen, was ich tatsächlich nicht verloren hatte: die ganze Liste von rückwärts, und im Handumdrehen war die alte Begeisterung wieder da. Probieren Sie es aus, es hilft!“

Ich selbst habe es ausprobiert. Es hat mir gerade in turbulenten und nicht immer leichten Zeiten tatsächlich geholfen!
Denken wir noch einmal an die Geschichte von Manfred Mayer:

Gerade im Verkauf, wo Produkte und Preise austauschbar geworden sind, hilft nur noch die Begeisterung (innere Einstellung), und somit auch die Qualität eines Verkäufers mit Persönlichkeit! Getreu meinem Motto:

Menschen machen Märkte!

Zweites Kapitel

Die erste Tür zur
geheimen Macht in dir:

Starte mit deiner ersten ICH-Inventur!

Kennst du Menschen, die Wasser predigen und Wein trinken? Hast du Menschen kennen gelernt, die anders handeln als sie reden?

Wie oft sind dir Menschen schon auf die Nerven gegangen, die du nach einiger Zeit als Maulhelden entlarven konntest?

Wie viele Menschen sind dir bereits aufgefallen, die stets mit ihrem Besitz (Auto, Haus, Boot, u.a.m.) prahlen, und du dennoch spürst, dass hinter der Fassade dieser Menschen nichts steckt?

Woran liegt das?

Viele dieser Menschen haben sich selbst nie strukturiert die Frage gestellt: „Wer bin ich wirklich?" Deshalb agieren sie oft aus einem Wunschdenken heraus. Das hat meist gravierende Folgen. Diese Menschen verstricken sich in eine „Traumwelt", aus der sie kaum wieder heraus kommen.

Deshalb:

Nichts ist besser als Wahrheit und Klarheit!

Das ist jedoch leichter gesagt, als getan! Dir wird das künftig viel leichter fallen, weil du heute mit dir selbst aufräumst.
Du wirst zunächst einmal die folgenden **dreizehn Schlüsselworte** ganz alleine für dich definieren. Das wird zwar anstrengend, jedoch wirst du die geheime Macht in dir spüren.

Definiere bitte in Wahrheit und Klarheit, und nicht so wie du es dir wünschst. Du tust es nur für dich. Niemand erfährt es.

Beginne jeden Satz mit „Ist für mich ….".
Ein Schlüsselwort beantworte ich einmal aus meiner Sicht, damit es dir leichter fällt, und du deine Definition richtig for-

mulierst. Schreibe deine persönliche Bedeutung ruhig in dieses Buch. Ich habe dir hierfür Platz gelassen.

Hier die zwölf Schlüsselworte des Lebens:

VERTRAUEN: Ist für mich bedingungslose Hingabe mit dem Risiko enttäuscht zu werden.

GEBORGENHEIT:

CHARAKTER-STÄRKE:

SEX:

LIEBE:

MORAL:

ABENTEUER:

FREIHEIT:

FLEXIBILITÄT:

TREUE:

STREIT:

FREUDE:

Herzlichen Glückwunsch! Du hast deine wichtigen, ganz persönlichen Schlüsselworte klar und eindeutig definiert! Jetzt wird es dir sicherlich Freude machen, diese Schlüsselworte von deinem Freund oder Lebenspartner definieren zu lassen. Vermeide hierbei jedoch jede Art von Beeinflussung. Es wird vorkommen, dass der andere völlig anders denkt als du.

Die anschließende Diskussion wird bestimmt spannend. Freu' dich hierauf! Es wird euch in jedem Falle näher bringen!

Ich möchte deine ICH-Inventur mit sechzig Selbstexplorationsfragen abschließen, die du dir in Stichworten ebenfalls in diesem Buch beantworten sollst.

Die Fragen an dich sind bewusst ‚durcheinander' gestellt, also nicht nach besonderen Bereichen strukturiert. Manche Fragen werden dich vielleicht ins Schwitzen bringen. Das ist gewollt.

Selbstexploration bedeutet: Selbsterforschung!
Es geht dabei um das in-sich-hineinhören, damit du die geheime Macht in dir entdecken kannst. Denke daran:
Kein Wunschdenken, sondern Wahrheit und Klarheit!

Dir werden schon während der Beantwortung dieser Fragen ganz bestimmte Denk- und Verhaltensweisen bewusst.
Du wirst dir zu vielen Fragen eigene Zusatzfragen stellen, zum Beispiel mit dem magischen Wort „Warum". Du wirst darauf brennen viele Fragen auch anderen zu stellen. Tu es! Doch nicht zu viele auf einmal.

„Wenn nicht jetzt, wann dann“ willst du endlich einmal mit dir selbst aufräumen? Wie gesagt, es erfährt ja niemand, außer dir!

Ziehe dich zurück. Sorge für eine gute Atmosphäre, und achte darauf, dass du absolut störungsfrei nachdenken kannst. Besorge dir ein Schreibgerät, Papier für eventuelle Zusatznotizen, ein Getränk (kein Alkohol). Beantworte jetzt die folgenden Fragen:

1. Bist du gerne zur Schule gegangen?

2. Welche Fächer hast du besonders gemocht?

3. Welche Fächer weniger?

4. Wie hast du dich auf Klassenarbeiten vorbereitet?
5. Wie bist du mit deinen Klassenkameraden klargekommen?

6. Welche Ausbildung strebst du an? oder
   Warum hast du dich für diese Ausbildung entschieden?

7. Wie hast du deine Ausbildung erlebt?

8. Was hättest du dir in deiner Ausbildung mehr gewünscht?

9. Was sind beruflich deine Aufgaben?

10. Was macht dich authentisch?

11. Wofür bist du konkret verantwortlich?

12. Was gefällt dir an deiner Tätigkeit besonders?

13. Welche besonderen Fähigkeiten sind in deinem Beruf wichtig?

14. Wie beurteilst du die Zusammenarbeit mit deinen Kollegen?

15. Was könntest du beruflich noch besser machen?

16. Worauf bist du bisher besonders stolz in deinem Leben?

17. Was waren bisher deine großen Erfolge?

18. Welche Misserfolge hast du bisher erlebt?

19. Wie bist du diesen Misserfolgen begegnet?

20. Womit beschäftigst du dich am liebsten?

21. Wie planst du deine privaten und beruflichen Ziele?

22. Was sind deine persönlichen Stärken?

23. Über welche persönlichen Schwächen ärgerst du dich selbst?

24. Welche Aussagen treffen deine Freunde, Geschwister, Eltern oder Bekannte über dich, wenn ich sie danach fragen würde?

25. Was zeichnet dich als Persönlichkeit aus?

26. Was bringt dich schnell auf die Palme?

27. Wie kommen Menschen im Allgemeinen mit dir aus?

28. Wie wichtig ist es für dich, in deinem Umfeld von anderen bewusst wahrgenommen zu werden?

29. Worauf legst du in deiner Partnerschaft am meisten Wert?

30. Was ist dir im Umgang mit deinen Freunden wichtig?

31. Was hätten deine Eltern in deiner Erziehung besser machen können?

32. Wie wichtig ist für dich dein äußeres Erscheinungsbild?

33. Was ist Freundschaft wirklich für dich?

34. Was war bisher dein schönstes Erlebnis in deinem Leben?

35. Was findet deiner Meinung nach das andere Geschlecht an dir am interessantesten?

36. Was war bisher deine größte Enttäuschung im Leben?

37. Wovor hast du am meisten Angst?

38. Was ist für dich der Unterschied zwischen Sex und Liebe?

39. Was willst du schnellstens an dir ändern?

40. Wie verbringst du deine Freizeit?

41. Was sind deine bevorzugten Interessen / Hobbys?

42. Mit welchen ‚Typen' gerätst du schnell in Schwierigkeiten oder in Konflikte?

43. Wie stellst du dir deine persönliche Zukunft vor?

44. Was willst du konkret in den nächsten beiden Jahren erreichen?

45. Wie bindest du deine Familie in deine Zielplanungen ein?

46. Welche Gefühle kannst du am schwersten beherrschen?

47. Was ist das typische Kind in dir?

48. Gibst du anderen Menschen gerne Anerkennung?

49. Was ist für dich romantisch?

50. Wann hast du zuletzt für einen deiner Lieben ein Gedicht oder Brief geschrieben?

51. Welche persönlichen Herausforderungen werden in nächster Zeit auf dich zukommen?

52. Mit welcher historischen Persönlichkeit hättest du dich gerne einmal unterhalten?

53. Welche Literatur liest du am liebsten?

54. Welche Musik hörst du besonders gern?

55. Wann warst du zum letzten Mal in einem Theater, Konzert oder in einer Ausstellung?

56. Was hältst du an dir selbst für wenig ‚anziehend'?

57. Wie siehst du dich als Frau / Mann?

58. Welche Verhaltensfehler sind für dich unverzeihlich?

59. Was bedeutet Geld für dich?

60. Wenn du noch einmal ganz von vorne anfangen könntest, was würdest du in jedem Falle anders, bzw. besser machen?

Geschafft! Nun gönne dir erstmal eine Pause. Danach lies dir deine Antworten noch einmal durch.

Einige Tage später kannst du einem Menschen deines Vertrauens deine Antworten zeigen, bzw. nennen.

Finde heraus, ob er oder sie dich so sieht, wie du dich in der Beantwortung der Fragen gesehen hast.

Es ist ein wichtiger Vergleich im Selbstbild und Fremdbild für dich, und wird dich stellenweise zum Nachdenken bewegen.

Vermeide zu langes diskutieren oder philosophieren über einzelne Fragen.

Denke daran: Du hast gründlich über diese Selbstexplorationsfragen nachgedacht. Der Unbeteiligte wird zunächst vorwiegend emotional reagieren, und konnte somit seine geheime innere Macht noch gar nicht entdecken.

Die zweite Tür zur
geheimen Macht in dir:

Trenne dich von deinen Befürchtungen und Annahmen!

In meinen Coachings fällt mir immer wieder auf, dass meine Coachees mehr darauf achten, was andere wohl denken und sagen, statt sich selbst in den Vordergrund zu stellen.

Anderen immer gerecht werden zu wollen, ist anstrengend, frisst Energien, und schwächt Deine Persönlichkeitswirkung! Ganz abgesehen davon, dass du gerade von den anderen oft benutzt oder gar ausgenutzt wirst, ohne es zu merken.

So erging es auch meiner Coachee, Susanne Becker. Sie funktionierte in den Augen der anderen stets wohlgefällig. Susanne wurde somit zum Liebling in ihrem Freundes- und Bekanntenkreis. Sie war pflegeleicht, angepasst, und erregte kein besonderes Aufsehen.

Susanne, verheiratet, zwei Kinder, tat alles, um gemocht und geliebt zu werden. Kritik und Streit ging sie stets mit Erfolg aus dem Weg. Sie genoss den Ruf einer guten Seele, und merkte nicht, dass sie bereits selbst ihr eigenes Opfer war. Bis zu dem Tag, als sie mich anrief, und um einen Gesprächstermin bat. Jetzt saß sie vor mir:

SB: „Ich hörte von einer Bekannten, dass Sie auch Menschen wie mich coachen. Wissen Sie, eigentlich frage ich mich jetzt gerade, warum ich zu Ihnen gekommen bin. Im Grunde ist alles in Ordnung, und ich bin auch zufrieden. Nur manchmal denke ich, dass ich zu nachgiebig bin.

„Neulich zum Beispiel diskutierten wir im Freundeskreis über Kindererziehung. Mein Mann und eine Freundin, sie ist Lehrerin, vertraten einen Standpunkt, den ich absolut nicht akzeptieren konnte. Ich wollte eigentlich sagen, was ich davon halte, doch ich kann meinem Mann ja nicht in den Rücken fallen, oder?

„Was wäre denn geschehen, wenn Sie es getan, und Ihre Meinung deutlich vertreten hätten?"

SB: „Ich glaube, mein Mann wäre sauer auf mich gewesen! Und auch unsere Freundin, die Lehrerin, hätte sich gewundert, und bestimmt gefragt, was mit mir los ist."

„Ist es schon öfter passiert, dass Sie Ihre Meinungen und Standpunkte lieber für sich behalten haben?"

SB: „Ja, und hierüber ärgere ich mich oft über mich selbst."

„Was glauben Sie ist der wahre Grund für Ihr Verhalten in solchen Situationen?"

SB: „Ich denke, dass die anderen dann denken, dass ich mich nur wichtig machen will, oder mich zu sehr in den Vordergrund dränge."

„Woher wollen Sie wissen, was andere denken, wenn Sie es nicht ausprobieren, und Ihre Meinung offen sagen?"

SB: „Da haben Sie recht. Das hat mir meine beste Freundin auch schon mal gesagt. Doch wissen Sie, das ist wirklich nicht einfach für mich."

„Haben Sie Angst, dass Sie dann in den Augen der anderen negativer gesehen werden?"

SB: „Offen gesagt schon. Es gibt vieles womit ich innerlich nicht einverstanden bin."

„Das heißt mal provozierend gesagt, Sie lassen sich leben,

und werden von anderen gelebt. Ist das so?"

SB: „Also, ganz so ist das nicht. Wenn es mir zu bunt wird, sage ich schon was ich meine. Meistens jedoch zu laut."

„Was könnten Sie tun, um Ihre Befürchtungen und Annahmen, was die anderen wohl denken, abzubauen?"

SB: „Ich müsste einfach nur sagen, was ich denke!"

„Genau das ist es. Wie können Sie das schaffen?"

SB: „Deshalb bin ich ja zu Ihnen gekommen."

„Was halten Sie davon, wenn wir beide jetzt einen kleinen Fragenkatalog erarbeiten, und Sie diese Fragen zunächst Ihrem Mann, Ihren Kindern, und Ihren Freundinnen stellen?"

SB: „Das finde ich gut. Wahrscheinlich werde ich diese Fragen am Anfang ablesen, da ich sicherlich aufgeregt sein werde. So etwas habe ich ja noch nie gemacht."

„Das können Sie gerne tun. Wichtig ist nur, dass Sie diese Fragen auch stellen."

Elf Wochen später trafen wir uns zum zweiten Mal. Susanne Becker war nicht wieder zu erkennen. Strahlend saß sie vor mir.

SB: „Einfach verrückt. Es hat geklappt. Nun wollen plötzlich viele wissen, was ich denke und meine. Ich glaub' es nicht. Besonders bei der Frage:
‚Was könnte ich besser machen?" haben mein Mann und zwei Freundinnen gesagt, dass ich öfter sagen müsste, was ich denke."

Heute, zwei Jahre später, ist Susanne Becker Vorsitzende im Elternbeirat geworden und leitet einen kommunalpolitischen Arbeitskreis.

Befürchtungen, Ängste oder so genannte Annahmen verschwinden, wenn Du erst nachfragst, bevor Du Deinen Standpunkt nennst!
Die Formel ist ganz einfach:

Erst fragen, dann sagen!

? ! ?

Die dritte Tür zur
geheimen Macht in dir:

Stärke deine Willenskraft!

Einer unserer Freunde, Holger, feierte seinen fünfzigsten Geburtstag.
Er lud meine Frau und mich zu einer Gartenparty ein.
Wir standen gemeinsam am Grill, und ich fragte ihn:

„Sag' mal, Holger, was hat dir in den letzten Jahren am meisten Spaß gemacht?"

Seine Antwort verblüffte mich:
„Wenn ich ehrlich bin, haben mir am meisten Herausforderungen und Probleme Spaß gemacht! Und ich hoffe, dass das so weiter geht!"

Mit allen möglichen Antworten hatte ich gerechnet, nur mit dieser nicht.

Holger ergänzte:
„Wenn du dich nicht mehr gefordert fühlst, und keine Probleme mehr lösen kannst, wird es langweilig, und deine Willenskraft lässt nach! Ich will aber nicht nachlassen!"

Wie im Beispiel von Holger erkennbar, ist die Macht der Willenskraft identisch mit der hohen Kunst der Selbstmotivation. Ich trenne zwischen der primären und der sekundären Selbstmotivation.

Hier zwei Beispiele, welche dir den Unterschied deutlich machen:

Nehmen wir einmal an, dein Chef bittet dich Englisch zu lernen, da das für die Zukunft des Unternehmens mehr und mehr wichtig wird. Du sagst dir o.k., kann ja nicht schaden. ‚Innerlich brennen' wirst du jedoch nicht.

Eine Woche später lernst du in einem Café eine Frau kennen, die dich begeistert. Du bist hin und weg. Du hast dich in diese

Frau verliebt, und für dich innerlich beschlossen: die oder keine. Einziger Nachteil:
Deine neue Freundin ist Engländerin, und spricht kaum Deutsch.

Ist das wirklich ein Nachteil für dich? Ich sage nein! Du wirst brennen, und in einer unglaublichen Geschwindigkeit die englische Sprache lernen!

Also ganz einfach:
Wenn du innerlich nicht brennst, spreche ich von einer sekundären Motivation.
Wenn du innerlich brennst, ist das eine primäre Motivation!

Generell wird der Motivation zu viel Gewicht gegeben!
Experten sind sich einig, dass die Motivation keine Eigenschaft eines Menschen ist, sondern sie ist der Weg zum Erreichen eines Ergebnisses!

Motivation ist die Antriebsstärke deiner inneren Willenskraft!!

Bevor du weiter liest, überlege doch bitte einmal, was dich wirklich antreibt, damit du die innere Macht deiner Willenskraft zur Entfaltung bringst?

Die vierte Tür zur
geheimen Macht in dir:

Nutze die Kunst der Selbstbeeinflussung!

In einem meiner firmeninternen Seminaren sprach ich während der Pause Herrn Jürgen Wagner (JW) an, der auf mich uninteressiert und irgendwie lustlos wirkte. Seine Antworten waren korrekt, jedoch monoton. Sein Lächeln wirkte fast gequält. An Diskussionen mit seinen Kollegen beteiligte er sich kaum. Es entwickelte sich folgender Dialog:

„Mir ist aufgefallen, dass Sie sich relativ teilnahmslos verhalten. Wie kommt das?

JW: „Wissen Sie, das liegt nicht an Ihnen. Nein, ich finde es toll, wie Sie jedem meiner Kollegen persönliche Tipps geben. Nur.....“

„Was beschäftigt Sie?“

JW: „Ich frage mich, was ich hier soll? Ich bin seit 30 Jahren in diesem Unternehmen, und mache einen guten Job. In drei Jahren werde ich pensioniert. Warum soll ich mich jetzt noch verrückt machen?“

„Sie meinen also, es lohnt sich für Sie nicht mehr?“

JW: „Genau, das meine ich. Ich will in den letzten drei Jahren keine Karriere mehr machen. Und das, was ich bisher gemacht habe, genügt doch. Ich setze mich immer für die Firma ein. Jedenfalls hat sich mein Chef bis heute nicht über meine Arbeit beschwert.“
„Das glaube ich Ihnen. Dennoch konnte ich Ihrer Körpersprache entnehmen, dass Sie nicht ganz bei der Sache sind. Wie erklären Sie sich das?“

JW: „Na ja, wenn man jeden Tag das gleiche macht, wird es auch irgendwann mal Routine und langweiliger.“

„Darf ich Sie fragen, was Sie in Ihrer Freizeit machen?“

JW: *(seine Augen glänzten, er schmunzelte)* „Sie werden es kaum glauben. Ich bin Mitglied in einer Laienspielgruppe. Zur Zeit spielen wir eine Verwechslungskomödie in unserer Gemeinde, die sehr gut ankommt. Ich habe diesmal sogar eine Hauptrolle."

Wir unterhielten uns noch eine Weile über das Stück, und Herr Wagner wurde immer lebendiger. Er erzählte mir, dass diese Komödie insgesamt fünfzehn Mal aufgeführt wird, und er am Wochenende bereits zum zwölften mal auf der Bühne steht.

„Dann sind Ihre Auftritte ja auch schon Routine, oder?"

JW: „Das stimmt, und dennoch ist es immer wieder neu."

„Angenommen, Herr Wagner, Sie würden denken, dass Sie ja nur noch dreimal auftreten müssen. Würden Sie dann mit weniger Engagement auf die Bühne gehen?"
JW: „Natürlich nicht. Das würden die Zuschauer schnell merken."

„Haben Ihre Gesprächspartner und Ihre Kollegen nicht das gleiche Recht, Sie jeden Tag mit Engagement zu erleben?"

JW: „Jetzt haben Sie mich erwischt. *(lächelt)* So habe ich das noch gar nicht gesehen."

Du ahnst schon, was in den nächsten beiden Seminartagen geschah. Jürgen Wagner war mit vollem Einsatz dabei, lachte oft, und agierte in den Fallstudien vorbildlich. Seine Kollegen waren von ihm begeistert.

Jürgen Wagner hatte begriffen, dass er sich nur selbst motivieren kann!

Ein Trainerkollege, Johannes Warth, den ich sehr schätze, sagt: „Stellen Sie sich morgens vor den Spiegel, lächeln Sie sich an, und sagen Sie:

Das Beste, was den Menschen heute passieren kann, bin ich!“

Die fünfte Tür zur geheimen Macht in dir:

Setze dir Ziele!

Was ist ein Ziel?

Deine eigene innere Macht formuliert dein Ziel, das du dann erst planen kannst. Dabei sollte dein Ziel vor allem realistisch und erreichbar sein. Deine Ziele bestimmen den Weg deiner persönlichen Entwicklung!

Warum sind Ziele für deine Persönlichkeit so wichtig?

1. Ziele geben deinem Leben eine Richtung und einen Sinn. Nur wenn du dir Ziele setzt, weißt du, wohin du willst.
2. Ziele erfordern eindeutige Zwischenergebnisse, die du in Klein- und Teilziele unterteilen musst. Nur so gibt es auch einen Maßstab, um deine Fortschritte messen zu können.
3. Ziele spornen deine Leistung an. Die Verfolgung deiner Ziele ist faszinierend und spannend. Jeder Schritt bietet dir Gelegenheiten für das eigene Wachsen und Werden, und somit für deine ständige Selbstverbesserung.
4. Ziele verändern dein Selbstbild, lassen dich selbstbewusster werden, und verbessern dein Auftreten, auf das ich in diesem Buch noch intensiver für dich eingehen werde.
5. Ziele fordern dich jeden einzelnen Schritt beim Namen zu nennen.

Was sind für dich die richtigen Ziele?

Es sind Ziele, für die du dich begeistern kannst, für die es sich lohnt zu leben, und die dich voranbringen. Doch wie findest du solche Ziele? Zum Beispiel durch die folgenden Fragen, die du nur an dich selbst stellst:

1. **Wer bin ich?**
   Was hat mich geprägt?
   Welche besonderen Stärken und Fähigkeiten habe ich?
   Was steckt sonst noch in mir?

2. **Was will ich?**
   Johann Wolfgang von Goethe formulierte es so:
   „Unsere Wünsche sind Vorgefühle der Fähigkeiten, die in uns liegen, Vorboten desjenigen, was wir zu leisten imstande sein werden."
   Deshalb haben Wünsche sehr viel mit Hoffnungen, Interessen und Idealen zu tun.

3 **Welche Werte sind mir wichtig?**
   Formuliere deine persönlichen Werte, die deine inneren Begleiter für deine Ziele sein sollen! Zum Beispiel: Vertrauen, Gradlinigkeit, Wertschätzung, Respekt, Demut.

4. **Was will ich erreichen?**
   Verbinde dein Ziel immer auch mit dem Zweck, was du machen willst, wenn du dein Ziel erreicht hast!

Wie formulierst du deine Ziele?

Setze hierfür in jedem Falle die folgenden offenen Fragen ein:

Was ist konkret mein Ziel?

Warum will ich dieses Ziel erreichen?

Wann will ich konkret mein Ziel erreicht haben?

Welche Klein- und Teilziele will ich formulieren und verfolgen?

Wie kontrolliere ich meine Ziele?

Welche Korrekturen werden nötig sein?

Wer kann / muss / wird mir helfen mein Ziel zu erreichen?

Warum ist „Schreibdenken" für deine Ziele wichtig?
Halte deine Ziele immer schriftlich fest. Schon beim Notieren gehen dir ständig neue Ideen und Möglichkeiten durch den Kopf, die du dann besser, leichter und effizienter strukturieren kannst.

Erstelle schriftliche Formeln deiner Teilziele!
(Suggestiv-Formeln), die du dir mit kleinen Zetteln an den unterschiedlichsten Orten in deinem Lebensbereich stets vor Augen führst. Unter anderem im Auto, im Bad, in deinem Arbeitszimmer, auf dem Spiegel deiner Garderobe.

Wende für deine schriftlichen Selbstbeeinflussungsformeln grundsätzlich die „Befehlsform" (positiver Imperativ) an, und vermeide jegliche Formulierungen im Konjunktiv „sollte, könnte, werde, möchte, würde, u.a.m.)!

Deine Suggestivformel darf nicht mehr als zwei bis drei Sätze beinhalten. Deine innere Macht der Selbstbeeinflussung wird **deine Durchsetzungskraft enorm stärken!** Du formulierst somit ständig Teilschritte für die Erreichung deines Gesamtzieles.

Hier zwei suggestive Beispiel-Formeln für dich:

„Heute will ich mit Herrn Schneider sprechen!“
„Ich will Herrn Schneider für mein erstes Teilziel gewinnen!“

„Heute will ich mit meiner Freundin eine ‚Inventur‘ unserer bisherigen Partnerschaft besprechen!

Ich will von ihr erfahren, wie sie unsere Freundschaft beurteilt. Danach will ich ihr meine Auffassungen emotionsfrei sagen!“

Wie kannst du deine Ziele erfolgreich umsetzen?

Wenn du dein Ziel gefunden und formuliert hast, beantworte für dich die Fragen dieser Checkliste (möglichst schriftlich):

1. Welche Aktivitäten sind notwendig, damit ich mein Ziel erreichen kann?
2. Wer kann oder muss mir bei der Verwirklichung meines Ziels helfen?
3. Welche finanziellen Mittel brauche ich für mein Ziel?
4. Wie viel Zeit will ich täglich oder wöchentlich für mein Ziel aufbringen?

5. Was werde ich tun, wenn die Verwirklichung meines Ziels nicht auf Anhieb klappt?

6. Welche Alternativen gibt es, wie ich mein Ziel anders erreichen kann?

7. Will ich das alles wirklich auf mich nehmen?

8. Erfüllt mich der Gedanke an mein Ziel immer noch mit großer Freude?

9. Aus welchen Perspektiven kann ich den Weg zu meinem Ziel zusätzlich betrachten?

10. Mit welchen Hürden oder Hindernissen muss ich auf dem Weg zu meinem Ziel rechnen?

Vertraue darauf, dass „deine geheime Macht in dir“ dich zu deinem gewünschten Ziel bringen wird!

Was sagte der vielzitierte römische Philosoph Seneca?

**„Nicht weil es schwer ist, wagen wir es nicht,
sondern weil wir es nicht wagen, ist es schwer!“**

Welche der zwölf folgenden Lebensbereiche will ich passend zu meinem aktuellen Ziel in den Vordergrund stellen, und welche will ich in nächster Zeit vernachlässigen?

1. Persönlichkeitsentwicklung
2. Gesundheit
3. Sport
4. Freizeit
5. Familie
6. Freunde
7. Gesellschaft / soziales Umfeld
8. Beruf

9 Fort- und Weiterbildung
10 Finanzen
11 Kultur
12 Geist

Warum will ich meinen Weg zum Erfolg planen?

Jedes Leben erfordert ein gewisses Maß an Planung.

Natürlich kannst du dich auch damit zufrieden geben, das Beste aus dem zu machen, was dir zufällig begegnet oder über den Weg läuft.

Jedoch wird es dich wesentlich zufriedener und glücklicher machen, wenn du dein Leben hinsichtlich deiner Ziele und Wünsche stets überdenkst und planst.

Die „Drei-Satz-Formel“ vom Kirchenlehrer Augustinus von Hippo hilft dir:

„Ich kann! Ich will! Ich werde!“

In einem Satz zusammengefasst sage ich dir:

> ***Du kannst, was du wirklich willst!“***

Die sechste Tür zur geheimen Macht in dir:

Dringe in die Köpfe der anderen!

1. Mache auf dich aufmerksam!

Der Workshop „Persönlichkeit zur Wirkung bringen“ ist das Stammthema meiner Frau. Sie hat in den letzten 20 Jahren mehrere hundert Teilnehmer zu diesem Thema trainiert.

Du kannst heute von ihrem Wissen und ihrer Kompetenz profitieren.

Für deine erfolgreiche Positionierung im Beruf und in der Gesellschaft gelten Leitsätze, die dein Selbstmarketing bestimmen:

Wie kannst du das tun? Welche Möglichkeiten gibt es?

Schlage doch einfach einmal deine Tageszeitung auf. Hier findest du eine Fülle von Veranstaltungen, die dich interessieren werden.

Tipp 1:
Gehe hin, nimm als Gast oder Besucher teil. Bringe deine Visitenkarten ‚an den Mann'. Wenn du keine Visitenkarten hast, lasse dir schnellstens welche drucken.

Tipp 2:
Bist du Mitglied in Vereinen, Verbänden oder sonstigen Gruppierungen?
Dann nimm jede Gelegenheit wahr, an deren Sitzungen, Treffen oder Veranstaltungen teilzunehmen.

Tipp 3:
Beteilige dich aktiver als andere an Meetings, Besprechungen oder Veranstaltungen. Das signalisiert Interesse, erhöht die Aufmerksamkeit bei einflussreichen Multiplikatoren oder Führungskräften, die dich letztlich weiter bringen können.

2. Nimm an Netzwerken teil!

Du musst wild darauf sein, stets neue Kontakte zu sammeln, diese auszuwerten, und die wertvollen Kontakte auszubauen.

Merke:

> ***„Kontakte sind nicht alles,
> doch alles ist nichts
> ohne Kontakte!"***

Wenn du gut ‚vernetzt bist', erhöhen sich deine Chancen und Möglichkeiten für dein persönliches Wachsen und Werden!

Einzelkämpfer geraten wesentlich schneller in die Isolation und ins kommunikative Abseits!

Tipp 1:
Nutze soziale Netzwerke. Baue deinen eigenen Freundeskreis auf! Kontrolliere deinen Freundeskreis jedoch regelmäßig und trenne die Spreu vom Weizen!

Tipp 2:
Wertvolle Businesskontakte findest du zum Beispiel in XING. Nimm hier nur Kontakte auf, mit denen du intensiv kommunizieren willst. Nicht die große Zahl deiner Kontakte ist entscheidend.
Hier gilt vielmehr: less is more!

Tipp 3:
Überprüfe deinen persönlichen Freundes- und Bekanntenkreis nach folgenden Kriterien:

Wer ist ein guter Freund?
Wer ist ein guter Bekannter?
Wer kann und wird mich unterstützen?

3. Übernimm Verantwortung!

Signalisiere beruflich besonders gegenüber deinen Vorgesetzten, dass dir deine Tätigkeit wichtig ist und Freude macht. Agiere nach dem Motto:

„Nur wenn es meiner Firma gut geht, geht es auch mir gut!“

Das kannst du auch sinngemäß für deine Familie, deine Freunde, deinen Verein anwenden. Nur einen guten Tag zu vollbringen reicht nicht aus.

Tipp 1:
Übernimm gerne und leidenschaftlich Verantwortung für Aufgaben. Positioniere deine Stärken in wirkungsvollen Tätigkeits- und Lebensbereichen. Setze dein verantwortungsvolles Engagement besonders auch in Krisenzeiten ein!

Tipp 2:
Überhole ‚Drückeberger' und ‚Nicht-Wollende' wenn es um Aufgaben geht, die diese nicht gerne tun.

Tipp 3:
Werde zur Droge für deine Vorgesetzten, deine Familie, deinen Freundes- und Bekanntenkreis! Das wirst du durch dein Engagement und dein überdurchschnittliches Verantwortungsgefühl erreichen!

4. Beeindrucke mit deinen Umgangsformen!

Kennst du dieses Sprichwort?
„So wie du dich siehst, wirst du gesehen!"

Mit deinen Umgangsformen signalisierst du deinen Führungskräften, deinen Kollegen, und deinen sozialen Kontakten wichtige Wertschätzung.
Hierbei dokumentierst du selbst auch deine Wichtigkeit.
Mit beeindruckendem Benehmen, natürlicher Höflichkeit, ansprechender Kleidung und gutem Ausdrucksvermögen wirst du zu einem Magneten für alle Menschen in deinem beruflichen, sozialen und privaten Umfeld!

Tipp 1:
Nimm an einem ‚Knigge-Kurs' teil, oder lese und verarbeite entsprechende Literatur.

Tipp 2:
Lege Wert darauf, deinen eigenen Stil zu entwickeln. Kopiere nicht andere!

Tipp 3:
Lasse dich einmal in Richtung Outfit beraten. Du erfährst dann welche Kleidung und welche Farben zu deinem Erscheinungsbild passen.

5. Erweitere dein Wissen!

Fort- und Weiterbildung gehört heute zum Alltag eines jeden Menschen der weiter kommen will. Das sorgt auch für einen besseren Karriere-Weg. Es liegt an dir selbst, ob du weiter kommen willst, oder nicht!

Tipp 1:
Warte nicht nur darauf, dass dir deine Firma Fortbildungsmöglichkeiten anbietet.

Tipp 2:
Ergreife selbst die Initiative! Melde dich selbst zu professionellen Seminaren, Trainings, Workshops oder Coachings an. Die entsprechenden Gebühren sind bezahlbar und eine lohnenswerte Investition in deine ganz persönliche Zukunft!

Tipp 3:
Sprich hinterher mit deinem Vorgesetzten über die Inhalte des Seminars, an dem du teilgenommen hast. Nicht vorher, damit der Überraschungseffekt auf deiner Seite ist.

6. Bereite dein soziales Umfeld auf deine Ziele vor!

Mit der Planung deines beruflichen Fortkommens, und der damit verbundenen zusätzlichen Verantwortung erhöht sich naturgemäß das **Spannungsfeld „Beruf – Familie – Freizeit“!**

Ich kenne niemanden, der dieses Spannungsfeld zur Zufriedenheit aller gelöst hat. Damit du dich nicht mit einem ‚schlechten Gewissen' plagen musst, meine Tipps hierzu für dich:

Tipp 1:
Stelle dich auf mögliche mobile und flexible Veränderungen ein!

Tipp 2:
Bereite deine Familie und Freunde rechtzeitig auf mögliche situative Veränderungen vor!

Tipp 3
Trenne dich von Zeitdieben jeglicher Art, besonders von denen, die dich von deinen Zielen abhalten!

Die siebte Tür zur
geheimen Macht in dir:

Die Kraft der sieben Selbstbefehle!

Gehörst du auch zu den vielen Menschen, die ihr Leben einfach so vor sich hin leben?

Oftmals haben sich Menschen noch gar nicht intensiv mit dieser Frage auseinander gesetzt, weil sie die überlieferten Informationen als eigene Vorstellungen ansehen.

Wie also kannst du diese meist fest verankerten Vorstellungen durchbrechen?

Nutze hierfür deine geheime Macht für die außergewöhnliche Kraft der Selbstbefehle, weil nur du selbst bestimmen kannst, was du willst, und wie du dein Leben gestaltest.

Die folgenden sieben Selbstbefehle werden dich auf deiner Erfolgsleiter Schritt für Schritt weiter bringen:

1. Selbstbefehl:
Ich will mir klare und erreichbare Ziele setzen!
Diesen ersten Selbstbefehl hast du bereits ausführlich mit der fünften Tür kennen gelernt!

2. Selbstbefehl:
Ich will verzwickte und ungewöhnliche Aufgaben als Herausforderung annehmen!
Hierfür stellen sich folgende Zusatzfragen:

- Welche Herausforderungen kommen möglicherweise auf mich zu?
- Welche Fähigkeiten sind für verzwickte und ungewöhnliche Aufgaben erforderlich?

3. Selbstbefehl:
Ich will die volle Verantwortung für mein Handeln übernehmen!
Hierfür stellen sich folgende Zusatzfragen:

- Welche Verantwortung fällt mir besonders schwer?

- Wer wird mir in gegebenen Fällen meine Verantwortung erschweren?

4. Selbstbefehl:

Ich will immer wieder Neues ausprobieren!
Hierfür stellen sich folgende Zusatzfragen:
- Auf was bin ich besonders neugierig?
- Wie will ich die hieraus gewonnenen Erkenntnisse motivierend präsentieren, und ‚an den Mann' bringen?

5. Selbstbefehl:

Ich will vorwiegend lösungsorientiert denken!
Hierfür stellen sich folgende Zusatzfragen:
- Welche Vorteile bietet mir lösungsorientiertes Denken?
- Wie begegne ich hierbei den ewig ‚Gestrigen'?

6. Selbstbefehl:

Ich will Misserfolge bewusst als Chancen wahrnehmen!
Hierfür stellen sich folgende Zusatzfragen:
- Was habe ich aus Misserfolgen bereits gelernt?
- Wie lassen sich Misserfolge mehr und mehr vermeiden?

7. Selbstbefehl:

Ich will mein Leben aktiv gestalten!
Hierfür stellen sich folgende Zusatzfragen:
- Welche Aktivitäten machen mir besondere Freude?
- Wie wirken sich meine Aktivitäten positiv auf meine Zielplanungen aus?

Hast du etwas ganz besonderes bemerkt?

Diese sieben Selbstbefehle gehören zur geheimen Macht in dir, weil sie dafür sorgen, dass du deinen inneren Verdrängungen widerstehst!

Die jeweiligen Zusatzfragen helfen dir deine Selbstbefehle realistisch umsetzen zu können.

Wenn du ein Schiff bauen willst,
so trommle nicht
Männer zusammen,
um Holz zu beschaffen,
Werkzeuge vorzubereiten,
Aufgaben zu vergeben
und die Arbeit einzuteilen,
sondern lehre die Männer
die Sehnsucht nach dem weiten,
endlosen Meer.

Antoine de Saint Exupéry

Die achte Tür zur
geheimen Macht in dir:

Respekt und Wertschätzung gegenüber deinem Partner!

Der von mir geschätzte Paar- und Familientherapeut, Hartwig Hansen, bringt mit seinen Regeln für einen respektvollen Umgang miteinander, das auf den Punkt, was Respekt und Wertschätzung gerade in der Partnerschaft erfordern.

Ich bitte dich, diese Regeln einmal ganz alleine für dich zu verinnerlichen und zu erarbeiten. Dir werden viele Gedanken und Gefühle durch den Kopf gehen.

Doch glaube mir, es lohnt sich. Nicht nur für dich und deinen Partner, sondern auch vor allem für eure gemeinsame Partnerschaft.

Hierfür hast du zwei Möglichkeiten:

1. Du liest diese Aussagen durch und rationalisierst dich: *„Mach ich ja schon. Ist doch klar. Auf jeden Fall!“*

2. Du denkst über diese Anregungen selbstkritisch nach, und machst dir hierzu gesonderte Notizen.

Wenn du dir Notizen machen willst, stelle dir dabei bitte folgende Fragen:

- Was kann ich wirklich besser machen?

- Wie will ich diese Regel sogar noch toppen?

- Was sollten wir beide gemeinsam verbessern?

- Welche neuen Impulse und Ideen bereichern unser Miteinander?

- Was muss ich in dem Falle abstellen?

1. Deine Welt ist anders als meine!

Hast du Respekt vor der Wirklichkeit deines Partners?

Die Welt sieht von einem anderen Standpunkt ganz verschieden aus.

Deine Frau / dein Mann hat andere Erfahrungen, Vorlieben, Prioritäten und Werte als du.

Versuche dich in deinen Partner hinein zu versetzen!
Nimm dich selbst nicht wichtiger als sie / ihn.

2. Jeder Mensch will gehört werden!

Jeder Mensch hat ein Grundbedürfnis nach Beachtung und Gehört werden.

Es kann sehr beunruhigend, ja quälend sein, wenn man keine Antwort bekommt. Zum Beispiel auf eine Frage, einen Brief.

Antwort ist Kontakt, Respekt und Wertschätzung. Antworten ist Geben.

3. Sei zuverlässig!

Verbindlichkeit und Zuverlässigkeit sind die Voraussetzungen dafür, dass Vertrauen in der Partnerschaft entstehen kann.

Wenn die Willkür mit einem durchgeht, entsteht beim Gegenüber das Gefühl:

„Ich bin es wohl nicht mehr wert, dass Du dich an unsere Abmachungen hältst?“

Du wünschst dir doch auch einen Partner, auf den du dich verlassen, und mit dem du durch dick und dünn gehen kannst. Oder?

4. Zuwenden statt abwenden!

Zuwendung hält das „Wir-Gefühl“ in der Partnerschaft aufrecht.

Wende dich nicht von deinem Partner ab, auch nicht, wenn es im Streitfall leichter erscheint.

Zeichen der Zuwendung, des Interesses, des Respekts sind die Kettenglieder, die stabile Verbindungen entstehen lassen.

5. Gefühle sind immer wahr!

Wenn wir anderen erzählen, wie es uns geht, geben wir etwas von uns preis.

Dann wollen wir nicht hören: *„Das ist doch gar nicht so schlimm!“*
Was wir dann wollen ist Solidarität und Verständnis.

Wenn dir ein Gefühl mitgeteilt wird, antworte also bitte nicht unbedacht, sondern einfühlsam. Signalisiere Verständnis und Mitgefühl.

6. Zeige Anerkennung, Würdigung und Wertschätzung!

Wer sich dauerhaft bindet, begibt sich gemeinsam mit seinem Partner auf einen Langstreckenlauf, der viel Energie und gegenseitige Unterstützung fordert.

Wo bleiben jedoch die Anfeuerungsrufe, die Erfrischungen?

Dabei ist es doch so einfach, mit kleinen Gesten und liebevollen Worten zu sagen: *„Ich respektiere Dich, ich schätze Dich, Du bist mir wichtig!“*

7. Nichts ist selbstverständlich!

Hast du auch manchmal das Gefühl, dass du dich tagtäglich abrackerst und keiner merkt es? Keiner dankt dir für deinen Einsatz?

Dank auszusprechen ist eine schlichte und gleichzeitig grundsätzliche Form, Respekt zu zeigen, auch und gerade in der Partnerschaft.

Sage einfach: *„Ja, ich bin dankbar!“*

8. Um Entschuldigung bitten und verzeihen!

Verletzungen sind in einer Partnerschaft unvermeidbar. Jeder macht mal Fehler!

Eine Entschuldigung wirkt dann wie Balsam auf die Beziehungsschrammen.

Doch diese will auch angenommen sein. Wer verzeihen kann übernimmt Verantwortung für sich selbst und lässt nicht länger zu, dass andere Menschen das eigene Leben dauerhaft negativ beeinflussen.

9. Ohne Ehrlichkeit keine Achtung!

Wir wollen vertrauen können, vor allem dem Menschen, der uns am liebsten ist.

Dafür brauchen wir das Gefühl: Mein Partner ist eine ehrliche Haut! Lügen haben eine zersetzende Wirkung.

Lügen führen nicht nur zum Verlust der Achtung in der Partnerschaft, sondern über kurz oder lang auch zum Verlust der Achtung vor sich selbst.

10. Was Du nicht willst, das man Dir tut !

Dieser Merksatz ist Zusammenfassung und Wegweiser zugleich.

Er eint alle bisherigen Tipps und dient gleichzeitig als Gebrauchsanweisung.

Behandle die Menschen, die Dir begegnen, so, wie Du von ihnen behandelt werden willst! Mit Respekt!

Die neunte Tür zur
geheimen Macht in dir:

Nur echte Freunde zählen!

Das Wort Freundschaft wird zu oft genauso locker und meist unbedacht ausgesprochen, wie das Wort Liebe.

Freundschaft beweist sich in Ausnahmesituationen! Natürlich musst du wissen, wer ein echter Freund ist. Setze hierfür deinen ganz persönlichen Test ein, den du auf der übernächsten Seite findest. Du erfährst, was du von deinen vier wichtigsten Freunden zu halten hast.

Du trainierst außerdem:

- ⇒ Deine Beziehungen zu deinen Freunden zu überprüfen.
- ⇒ Wichtige Merkmale deiner guten Freunde zu erkennen.
- ⇒ Das Verhalten deiner Freunde in Ausnahmesituationen vorauszuschätzen.
- ⇒ Zwischen sehr guten Freunden und guten Bekannten zu unterscheiden.

Deine Aufgabe:

1. Schreibe dir auf ein gesondertes Blatt Papier alle deine Freunde (keine Familienmitglieder) mit Vornamen auf. Wahrscheinlich werden am Ende sechs, acht, zehn oder mehr Freunde auf deinem Papier stehen.
2. Entscheide dich jetzt für **deine vier wichtigsten Freunde** dieser Liste.
3. Trage die Namen deiner vier besten Freunde in den folgenden Testbogen ein.

Bewerte die genannten Verhaltenssituationen in diesem Test wie folgt:

eine **3** wenn du sicher bist, dass dein Freund zu dir steht und mitmacht,

eine **2** wenn du dir nicht sicher bist,

eine **1** wenn du weißt, dass dein Freund hierfür nicht in Frage kommt.

Die Auswertung des nachfolgenden Tests findest du im Anhang.

Jetzt folgt der spannende Test:

„Meine Freunde auf dem Prüfstand!“

„Die eigentliche Aufgabe
eines Freundes ist,
dir beizustehen, wenn du im
Unrecht bist.
Jedermann ist auf deiner
Seite, wenn du
im Recht bist.“

Mark Twain

Test: Freundschaftsprofil				
„Ich brauche dringend 1000,-- Euro. Frag' mich bitte nicht warum?" Wird dir dein Freund helfen, eventuell für dich sogar einen Kredit aufnehmen, **ohne** Rückfragen, Rückzahlungsfristen, Schuldschein oder Zinsen?				
Während deines Aufenthaltes in England hast du dich schwer verletzt und liegst dort im Krankenhaus. Wird sich dein Freund ins Flugzeug setzen, und dich dort im Krankenhaus besuchen?				
Du hast beschlossen dich von deinem/r Partner/in zu trennen. Kannst du mit deinem Freund hierüber offen sprechen, weil du weißt, dass dein Freund absolut schweigen kann?				
Du bist mit dem Gesetz in Konflikt geraten. Die Gerüchte in deinem Heimatort brodeln. Dein Ruf bröckelt. Wird dein Freund mit dir durch 'Dick + Dünn' gehen, selbst wenn es dadurch für ihn zusätzliche Probleme gibt?				
Du weißt, dass dein Freund wichtige Dokumente und Bargeld in seinem Haus deponiert hat. Wird dir dein Freund bei längerer Abwesenheit den Hausschlüssel anvertrauen?				
Du erfährst, dass gestern im Restaurant ‚Wilder Ochse' im Beisein deines Freundes negativ über dich gesprochen wurde. Hat sich dein Freund auf deine Seite gestellt, und für dich Stellung bezogen?				

Die zehnte Tür zur geheimen Macht in dir:

Dein Körperbewusstsein!

Was macht dich attraktiv?

Wenn das "Feuer der Lust", die „Flamme des Geistes“ und die „Glut der Seele“ sich gemeinsam anstecken, werden ungeahnte Energien und Möglichkeiten entfacht.

Allgemein gelten für deine Ausstrahlung und Attraktivität folgende Faktoren:

- Selbstbewusstsein
- Körperbewusstsein
- Humor
- Kommunikationsfähigkeit

Positiv an dieser Ausrichtung ist, dass in der Ausstrahlung und Attraktivität keine Schönheitskönigin und kein Adonis erwartet werden.

Worauf kommt es bei den vorgenannten fünf Faktoren im Wesentlichen an?

Selbstbewusstsein
zeichnet sich durch dein Auftreten, dein Ausdrucksvermögen und dein Outfit nach Außen aus. Hinzu kommt die geheime Macht in dir, zum Beispiel durch dein inneres aktives Denken.

Selbstbewusstsein beantwortet stets die inneren wieder kehrenden Fragen:

Wer bin ich?
Was will ich?
Wie gehe ich vor?

Diese Fragen sind für das Erkennen der eigenen Persönlichkeit wichtig, die du immer wieder in Zeitabständen an dich selbst richten solltest. Selbstbewusstsein wird als positives Gefühl in einem sozialen Wertekontext verstanden.

Dein Selbstbewusstsein wird durch deine Eigenschaften, zum Beispiel dein Erscheinungsbild und deine besonderen Fähigkeiten, zum Beispiel durch Sprachen, bestimmt, die den allgemein geltenden Wertevorstellungen entsprechen.

Was gehört zu deinem Körperbewusstsein?

Als Psychologe werde ich ständig mit den Beziehungen zwischen Persönlichkeitsstruktur, Charakter und Gesundheitsbewusstsein im Wachsen und Werden konfrontiert.

Während der letzten Jahre habe ich mich zusätzlich auf das Körperbewusstsein des Menschen konzentriert.

Ich wollte mir ein eigenes Bild verschaffen, um die Entdeckungen der Pioniere auf diesem Fachgebiet bestätigen oder nicht bestätigen zu können (W. Reich, W. Schultz, Ida Rolf, F. Perls, E. Herz, u. a.). Am meisten über das Körperbewusstsein lernte ich in den siebziger Jahren von Ken Dychtwald in Californien.

Meine Neugier wurde zusätzlich von meinem Mentor Dr. Eduard Herz ausgelöst, bei dem ich studierte, und der bis heute mein Mentor geblieben ist.

Meine erste Begegnung mit Dr. Herz war für mich erschreckend. Jede Beobachtung, jede Beschreibung zu meiner Person war absolut richtig. Er beschrieb mich kurz und bündig. Ich war einfach baff!

Wie war das möglich? Wie konnte mein Körper mein Inneres so deutlich zeigen, wo wir uns doch erst wenige Stunden kannten und er mich vorher nie gesehen hatte? Es war mein

Körper. Irgendwie übermittelte mein Körper Informationen die Dr. Herz verstand und mir nannte.

Mir stellte sich die Frage: **„Hat mein Körper mein Bewusstsein, oder mein Bewusstsein meinen Körper geschaffen?"**

Jedenfalls rüttelte dieses Erlebnis an den Grundmauern meines bisherigen Denkens. Ich war damals der Meinung, dass Körper und Geist zusammengehören, und weniger füreinander verantwortlich waren.

Diesen Irrtum habe ich schnellstens beiseite geschoben. Heute weiß ich, dass Körper, Seele und Geist fest zusammengehören und jedes in seiner Verantwortlichkeit für einen Synergieeffekt in meinem, und künftig auch in deinem Denken, Fühlen und Handeln sorgt.

Ken Dychtwald formuliert treffend:
„Die Art des emotionalen Verhaltens spiegelt sich in der Körperstruktur wider, und tendiert dazu, die Art und Weise unserer Selbsterhaltung zu beeinflussen."

Damit du verstehst was Körperbewusstsein zeigt oder auch auslöst, möchte ich dir nach Dychtwald einige Beispiele zum Thema „Schultern" nennen, die du bei dir selbst und anderen gut beobachten kannst:

Hängende, runde Schultern
vermitteln die Botschaft, dass du dich fühlst, als ob du die Last der Welt auf deinen Schultern trägst. Dahinter steckt oft hohe Verantwortung und / oder Überlastung, die kaum noch verkraftet werden kann.

Hochgezogene Schultern
lassen auf eine ängstliche Haltung schließen. Wir neigen dazu unsere Schultern in Richtung unserer Ohren hochzuziehen,

wenn uns etwas angst macht. Wenn Ängste und Befürchtungen weichen, kehren unsere Schultern wieder in ihre normale Ruhestellung zurück.

Gestraffte Schultern
vermitteln ein Gefühl der Selbstsicherheit. Viele Menschen tragen Kleider oder Anzüge mit gepolsterten Schultern um die Wirkung ihrer inneren Kraft und Dynamik deutlich zu machen.

Vorgebeugte Schultern
zeigen normalerweise eine Haltung des Selbstschutzes und eine mögliche Furcht verletzt zu werden. Es wird unbewusst versucht Brust und Herz zu schützen, indem Schultern und Arme nach vorne gezogen werden.

Im Vergleich zu den vielen anderen Körperbewusstseins-Regionen sind die Schultern einfach ‚zu lesen'. Und das bedeutet, dass ein Mensch nicht immer hängende, hochgezogene, gestraffte oder vorgebeugte Schultern hat. Das ist abhängig von vielleicht gerade gemachten emotionalen Erlebnissen oder Erfahrungen.

Humor
Als humorvoll werden Personen bezeichnet die andere zum Lachen bringen. Eine andere und viel engere Auffassung wird jedoch in der im deutschen Sprachgebrauch sprichwörtlichen Wendung „Humor ist, wenn man trotzdem lacht" ausgedrückt. Bis heute ist keine umfassende Theorie des Humors entwickelt worden. Dabei spielt vermutlich die große Vielfalt des Lachens, seiner Zielrichtungen, seiner Verfahren und Anlässe eine Rolle.
Immerhin ist es heute Konsens, dass Lachen als ein Kulturphänomen an eine bestimmte historische, soziale und personelle Konstellation gebunden ist.
Auch die Feldforschung der Ethnologie hat bisher keine In-

tegration ihrer vielen Beobachtung erarbeiten können: Worüber man lacht, wer das Lachen wie auslöst, welche Wirkung ein Lachen im sozialen Kontext hat – die Antworten auf diese Fragen sind immer noch sehr heterogen.

Eine besondere Schwierigkeit ist, dass das Lachen anderer Kulturkreise oft nur in der Kontaktsituation mit Ethnologen beobachtet werden konnte: Andere Ethnien lachten über die für sie erstaunlichen Verhaltensweisen der Ethnologen.

Mit einem Blick ausschließlich auf das Ergebnis von Humor kann man sagen, dass Humor alles ist, was Lachen hervorbringt – sowohl das Lachen über sich selbst, als auch das mehr oder weniger „vernichtende" Lachen über andere.

Kommunikationsfähigkeit

Kommunikation (mitteilen, teilnehmen lassen; gemeinsam machen) ist unter anderem gemeinschaftliches Handeln, in dem Gedanken, Ideen, Wissen, Erkenntnisse, Erlebnisse mitgeteilt werden und auch neu entstehen können.

Kommunikation basiert u. a. auf die Anwendung von Zeichen, Sprache, Gestik, Mimik, Schrift, Bild oder Musik. Kommunikation ist Aufnahme, Austausch und Übermittlung von Informationen zwischen Personen.

Unter Kommunikation wird auch das wechselseitige Übermitteln von Daten oder Signalen verstanden, die für den Beobachter der Kommunikation eine festgelegte Bedeutung haben. Die Signale gelten dann als Auslöser für bestimmte Reaktionen.

Bei der Beschreibung sozialer Zusammenhänge kann Kommunikation als ein Prozess angesehen werden, in dem Menschen Aufgaben und Herausforderungen gemeinsam lösen.

„Gedacht heißt nicht immer
gesagt,
Gesagt heißt nicht immer
richtig gehört,
Gehört heißt nicht immer richtig
verstanden,
Verstanden heißt nicht immer
einverstanden,
einverstanden heißt nicht immer
angewendet,
angewendet heißt noch lange nicht
beibehalten.“

Konrad Lorenz

Drittes Kapitel

Mit den folgenden persönlichen und sozialen Kompetenzen bringst du deine Persönlichkeit erfolgreich zur Wirkung!

Trainiere diese wichtigen Fähigkeiten, mit den wertvollen Tipps, die ich dir hierzu gebe:

1. Trete professionell und wirkungsvoll auf!
2. Gewinne mit deiner Körpersprache!
3. Steigere dein Ausdrucksvermögen!
4. Wecke deine Kreativität!
5. Setze die Magie des Fragens ein!
6. Führe erfolgreiche Gespräche und Verhandlungen!
7. Stärke deine Bereitschaft zu Interaktionen!
8. Keine Angst vor Konflikten!
9. Deine Führungsfähigkeit!

Bevor du loslegst sei bitte offen zu dir selbst, und überlege, in welcher der vier Lernstufen eines Menschen du in den entsprechenden Kompetenzen bist.

1

Ich weiß nicht, dass ich nichts weiß und nichts kann.

Indirekte Inkompetenz

2

Ich weiß , dass ich nichts weiß und kann.

Beginn des Lernens

Direkte Inkompetenz

3

Ich weiß, dass ich etwas weiß und kann.

Ich weiß zum Teil, wie und warum ich etwas tue. Dabei muss ich es mir bewusst machen.

Direkte Kompetenz

4

Ich weiß nicht mehr, was ich weiß und kann.

Was und wie ich etwas tue, geschieht automatisch. Es ist in das Unterbewusstsein fest einprogrammiert.

Ich reagiere computerschnell nach einem kybernetischen Selbststeuerungsprogramm.

Indirekte Kompetenz

Trete professionell und wirkungsvoll auf!

Das Zitat **„Für den ersten Eindruck gibt es keine zweite Chance!“** kennst du bestimmt.

Doch hast du dein Auftreten schon einmal selbstkritisch betrachtet?
Wie viele Menschen aus deinem beruflichen oder sozialen Umfeld haben dich schon einmal gefragt: „Wie wirke ich auf Sie?“

Weil du solch eine Frage vielleicht emotional ablehnst, biete ich dir einige Fragen an, die du deinen Gesprächspartnern einfach einmal stellst, wenn sich die Gelegenheit ergibt.

Hierbei ist es wichtig, dass du Menschen auswählst, die nicht zu deinem persönlichen Fan-Club gehören, und vor allem, mit denen du per Sie bist. Hier einige spannende Fragen für dich:

1. „Welchen Eindruck haben Sie von mir?“
2. „Was ärgert Sie bei anderen Menschen am meisten?“
3. „Wenn Sie machen könnten was Sie wollten, was würden Sie tun?
4. „Mit welcher historischen Persönlichkeit hätten Sie gerne mal ein Gespräch geführt?“
5. „In welche Länder reisen Sie besonders gern?
6. „Was könnte ich von Ihnen noch lernen?“
7. „Was war bisher Ihr schönstes Erlebnis im Leben?“

Offen gesagt, gehört schon ein wenig Mut dazu diese Fragen zu stellen.
Doch wenn nicht jetzt, wann dann? Probiere es aus! Du wirst staunen!

Neun entscheidende Tipps für dein professionelles Auftreten:

1. **Schaue deinem Partner in die Augen!**
   In Talkshows mit Maybrit Illner, Anne Will, u. a., kannst du immer wieder beobachten, dass Gesprächspartner manchmal Fragen beantworten, ohne dabei den Fragesteller anzuschauen. Das ist nicht nur schlechtes Benehmen, sondern verrät oft innere Unsicherheiten, obwohl es vielleicht auch nachdenkend auf uns wirken mag.

   Altbundeskanzler Helmut Schmidt löst das sehr gut. Bei Fragen antwortet er oft: „Lassen Sie mich nachdenken!“, dann blickt er einige Sekunden weg oder vor sich hin. Danach schaut er den Fragensteller an und antwortet.

   Der Volksmund sagt nicht von ungefähr: „Augen sind der Spiegel der Seele!“ Wenn du also deine Gesprächspartner nicht anschaust, kann das bedeuten, dass deine Seele in diesem Moment nicht ‚anwesend’ ist.

   Anderen in die Augen schauen bedeutet nicht fixieren! Entscheidend ist ein ungezwungener Augenkontakt.

Das gilt auch, wenn du als Redner vor einem Publikum stehst: Lasse deinen Blick zwanglos zu den Hörern schweifen.

Konzentriere dich ab und zu für 1 bis 2 Sekunden auf die Pupille deines Gesprächspartners. Das fördert die bewusste Wahrnehmung!
Wenn du das nicht tust, wird dir dein Partner unbewusst ein mögliches Desinteresse oder Unsicherheit unterstellen.

2. **Lächle!**
Das verleiht dir eine sympathische Ausstrahlung. Ein Lächeln wirkt freundlich, und sorgt für einen offenen Augenkontakt.

Du signalisierst Interesse und strahlst Selbstsicherheit aus. Nur eines ist wichtig: Es darf kein aufgesetztes Lächeln sein! Was bedeutet das?

Ein von innen kommendes Lächeln erkennst du daran, dass mit dem ganzen Gesicht gelacht wird:

Hochgezogene Mundwinkel und kleine Lachfältchen um die Augen herum, sind deine „Lächel-Begleiter“. Das sind sichere Zeichen für ein aufrichtiges offenes Lächeln! Siehe auch meinen Report im Anhang: „Du ich hab’ Tränen gelacht!“

Ein aufrichtiges, bejahendes Lächeln fördert deine Wirkung, unterstützt deine Aussagen, und stimuliert beide Seiten positiv.
Ein Lächeln gibt deinem Partner bewusste Anerkennung!
Das ist wichtig, damit dein Lächeln möglicherweise nicht als Unsicherheit, Belachen oder gar als Auslachen empfunden wird.

3. **Nenne öfter den Namen deines Gesprächspartners!**
Jeder Mensch hört gerne seinen Namen. Der Name ist eine hundertprozentige Identifikation.
Deshalb lege großen Wert darauf, dass du den Namen deines Gesprächspartners richtig aussprichst und schreibst. Das ist gerade bei komplizierten und schwierigen Namen wichtig. Denke daran: Mit dem Namen verbindet sich die **Würdigung der Persönlichkeit** deines Partners!

4. **Reiche deinem Partner die Hand!**
In unserem Kulturkreis ist die Hand die einzig verbliebene und offiziell erlaubte Form des Hautkontaktes in der offiziellen Begrüßung eines Menschen. Andere Kulturen haben unterschiedliche Begrüßungs- und Verabschiedungsrituale.

Das,sich-die-Hand-geben' ist **ein kommunikativer Brückenbauer** zu deinem Gesprächspartner. Achte auf einen spürbaren Händedruck (leichter Gegendruck), und darauf, dass deine Hand ‚trocken' ist. *Diese ersten vier Tipps stellen den professionellen* ***kommunikativen Re gelkreis*** *für Begrüßungen und Verabschiedungen dar!*

5. **Tritt sicher auf!**
Egal ob du deinem Gesprächspartner gegenüber stehst oder sitzt. Die richtige Körperhaltung beeinflusst unbewusst deinen Partner, und **untermauert besonders beruflich deine Fachkompetenz.**

Wenn du stehend agierst, stelle dich bitte so vor deinen Partner, dass deine Füße mit deinem Beckenrand abschließen. Also etwas breitbeinig, mit beiden Füßen fest auf dem Boden.

Nichts ist schlimmer als vor seinem Gesprächspartner ‚herum zu tänzeln' (ständige Gewichtsverlagerung des Körpers von einem Bein auf das andere).

Wenn dann noch die Hände auf dem Rücken liegen, oder in den Hosentaschen verschwinden, oder die Arme in die Hüften gestemmt werden, deutet das auf Unsicherheiten oder auch schlechtes Benehmen hin.

Wenn du deinem Partner gegenüber sitzt, ist es wichtig, dass dein Hinterteil die Rückenlehne eines Stuhls berührt. Deine Hände und deine Unterarme liegen voll und ganz auf dem Tisch.
Das dynamisiert deine Körperhaltung, zeigt Interesse, und sorgt dafür, dass du deinem Partner eine aufmerksame Haltung entgegenbringst.

Auf keinen Fall sollten deine Hände unter der Tischkante auf deinem Schoß liegen. Das wirkt unterwürfig und jämmerlich.

Wenn du deine Beine übereinander kreuzt, achte bitte darauf, dass die Kniehöhe in keinem Fall die Tischhöhe übersteigt. Das ist zu locker, unhöflich, und schließt auf schlechtes Benehmen.

Merke dir einfach: Tischkante und Kniehöhe sind eine Ebene!

6. **Wechsle öfter deine Stimmlage!**
Die meisten Menschen haben die Macht ihrer Stimme nie trainiert. Übe und nutze die sechs Bestandteile für eine **wesentlich bessere sprachliche Wirkung**:

Die *impulsive* Bandbreite deiner Stimme:

schnell ***hoch*** ***laut***

Die *intensive* Bandbreite deiner Stimme:

langsam ***tief*** ***leise***

Dein Wechselspiel zwischen laut und leise ist entscheidend. Beachte bitte, dass **laut** nicht schreien oder brüllen, und **leise** nicht flüstern bedeutet.

7. **Aktiviere dich und andere mit deiner Gestik!**
Sind dir schon Menschen aufgefallen, die nicht wissen, wohin mit den Händen? Die einen haben ihre Hände hinter dem Rücken, die anderen in den Hosentaschen, die nächsten vor dem Genitalbereich gekreuzt, oder lassen beide Arme herunter hängen. Am Negativsten wirkt jedoch, wenn die Person ihre Arme und Hände in die Hüften stemmt.

Gestik ist die Unterstreichung des gesprochenen Wortes mit Armen und Händen.
Dabei sollte sich deine Gestik stets im Bauchbereich zeigen, und auf keinen Fall unter der Gürtellinie, oder oberhalb der Brust.

Manche Menschen pflegen gewisse Gesten auch als ‚Markenzeichen', z.B. ihre Brille auf und ab zu setzen, Haarsträhnen aus der Stirn streifen, u. a. m.

Eines solltest du auf keinen Fall tun: Mit dem Zeigefinger auf andere deuten. Denke daran, dass bei dieser

Gestik stets drei Finger auf dich selbst zeigen!
Gestik beinhaltet auch bejahendes oder verneinendes Kopfnicken. Hierdurch wird die nonverbale Empathie des Verstärkens deutlich.

Wenn du deinem Gesprächspartner gegenüber stehst, ist es eine gute Grundhaltung deiner Gestik, dass du beide Hände im Bauchbereich deines Körpers offen und ruhend ineinander legst.

Hierdurch sind deine Unterarme angewinkelt, und deine Hände stets zum Spurt nach vorne bereit. Auf keinen Fall solltest du deinen Zeigefinger einsetzen!

8. **Dein gepflegtes Äußeres muss selbstverständlich sein!**
Kleidung, Frisuren, Make-Up, o. ä. sind seit jeher Geschmackssache. Ich stimme dir zu, dass es z. B. nicht gerade die älteste Jeans sein muss, mit der du auch den Rasen mähst, oder mit deinem Hund Gassi gehst.

Was ist mit gepflegtem Aussehen gemeint?

Es sind nur wenige Kriterien auf die du achten solltest. So sind bei den Männern beispielsweise die Pflege (positiv) oder Nichtpflege (negativ) der **Fingernägel** gemeint.

Bei Männern und Frauen sind für die gesamte Ausstrahlungskraft die **Zähne** und deren Pflege entscheidend.

Entscheidend für dein Äußeres ist der Begriff

„Psycho-Hygiene“!

Das bedeutet: Deine innere Haltung sollte deiner äußeren Wirkung entsprechen!

Das sorgt dafür, dass du auf deine Gesprächspartner authentisch wirkst, vielmehr noch: dass du authentisch bist!

9. **Praktiziere hohe Empathie!**
In Wikipedia kannst du lesen: „Empathie mit einem anderen Menschen bedeutet, sich in dessen Lage zu versetzen und mit ihm zu fühlen, sich darüber klar zu wer den, was der andere fühlen könnte, sowie die eigenen Gefühle zu erkennen und angemessen zu reagieren.“

Ich möchte dir kurz und prägnant meine Definition der folgenden drei „...pathie-Worte“, und dabei die Wirkung von Empathie näher bringen:

Sympathie = denken FÜR .....
Antipathie = denken GEGEN .....
Empathie = denken MIT .....

Empathie ist somit die höchste Form von Identifikation mit deinen Gesprächs- und Verhandlungspartnern!

Diese höchste Form der Identifikation erreichst du einzig und allein durch **FRAGEN stellen**!

Auch hier gilt: **„Wer fragt, der führt!“**
Damit du von Anfang an auf Empathie-Frequenz schalten kannst, empfehle ich dir zum Beispiel folgende empathischen Frageformulierungen:

„**Was** ist der Grund, dass Sie ....?“
„**Welche** Vorteile erkennen Sie ....?“
„**Warum** entscheiden Sie sich für ....?“
„**Wie** wollen wir gemeinsam vorgehen?“
„**Wann** starten wir unsere ....?“
„**Wer** ist hierfür verantwortlich?“
„**Wen** können wir für diese Aktion gewinnen?

Bei den Mitarbeitern meiner Klienten achte ich sehr darauf, wie diese sich im ersten Kontakt verhalten, weil gerade das nonverbale (Körpersprache) und verbale Verhalten positive oder negative Vorurteile beeinflusst.

Dein persönliches Auftreten und dein Erscheinungsbild, sind wichtige, ja sogar oft entscheidende Parameter, wie du dich gegenüber deinem Gesprächspartner verhältst, und dann gerade in diesem ersten Eindruck von ihm gesehen und oft auch beurteilt wirst.

Auf der folgenden Matrix habe ich für dich noch einmal das Wichtigste zusammengefasst.

Matrix der Kontaktpsychologie!

	Positive Deutung wenn JA	**Negative Deutung wenn NEIN**
Schaue Deinem Partner in die Augen!	Offen, neugierig, interessiert	Ablehnend, unsicher, desinteressiert
Grüße stets mit einem Lächeln!	Gewinnend, strahlend, motivierend	Zu ernst, abwartend, skeptisch
Nenne öfters den Namen deines Partners!	Würdigung der Persönlichkeit	Entwürdigung der Persönlichkeit
Reiche deinem Partner die Hand!	Fester Händedruck baut ‚Brücken'	Baut ‚Mauern', distanziert
Trete sicher auf!	Festes und gerades Auftreten vermittelt Sicherheit	Unruhiges Stehen vermittelt Unsicherheit
Dein gepflegtes Äußeres muss selbstverständlich sein!	‚Psycho-Hygiene' Kongruenz von innerer und äußerer Wirkung	Mangelndes Qualitätsdenken, unglaubwürdig
Praktiziere hohe Empathie!	Denkt ständig mit, geht stets auf das Gesagte ein	Wechselt ständig Themen, unstrukturiert
Stelle viele Fragen!	„Wer fragt, der führt!"	Wer keine Fragen stellt, übergibt die Führung.

Gewinne mit Deiner Körpersprache!

Die Wirkung deiner Persönlichkeit wird von drei Faktoren bestimmt:

ca. 60 % Körpersprache
(nonverbale + visuelle Kommunikation)
ca. 30 % Ausdrucksvermögen
(auditive Kommunikation)
ca. 10 % inhaltlicher Bezug.
(sachliche Kommunikation)

Erstaunlich, welche Priorität unsere Körpersprache genießt. Du kennst das Zitat:

> ***"Für den ersten Eindruck gibt es keine zweite Chance!"***

Und das ist richtig!

Schließe einfach mal die Augen. O.K.?
Jetzt denke bitte an einen Menschen, den du heute oder gestern zum ersten Mal gesehen und kennen gelernt hast.

Was hast du in den ersten Sekunden wahrgenommen? Es war:

- der Gang,
- das äußere Erscheinungsbild,
- die Mimik,

- die Gestik,
- der gezielte Augenkontakt,
- die Körperhaltung.

Merkst du etwas? Dein neuer Kontakt hat noch überhaupt kein Wort gesprochen, und dennoch hast du dir ein „Bild“ von ihm oder ihr gemacht. Es ist ein ‚Musterungs-Prozess’ und ein „Bild“, das oft lange Zeit in dir ist!

Wenn du jetzt denkst, dass du deinen ersten Eindruck manipulieren kannst, rate ich dir, dieses nicht zu tun!

Jegliche Art, deine Körpersprache fälschen zu wollen, wird dir auf Dauer nicht gelingen.

Die Körpersprache kann nicht lügen!

Spätestens beim zweiten Meeting oder Date kommt die Wahrheit ans Licht.

Bleibe einfach du selbst, und damit authentisch! Denn:
„Was du denkst, strahlt deine Körpersprache aus!“

Hier immer wiederkehrende Fragen von meinen Coachees und Trainingsteilnehmern zur Körpersprache:

„Wie verhalte ich mich, wenn ich jemanden kennen lerne?“ (z.B. in der Disco, im Café, im Theater, im Restaurant, u. a. m.)
Wie bereits gesagt: Lächle! Das verleiht dir eine sympathische Ausstrahlung und einen ersten positiven Eindruck.

„Wie erkenne ich, ob der oder die andere wirklich an mir interessiert ist?“

Bei Interesse wird er oder sie dir oft direkt in die Augen schauen, wird aufrichtig lächeln und mit offenen Händen gestikulieren. Er oder sie wird außer deiner Person ringsherum nichts anderes wahrnehmen!

Bei weniger oder nur oberflächlichem Interesse an deiner Person:

- wird er oder sie die Lippen zusammenpressen,
- ist ein schneller Lidschlag erkennbar,
- zeigt er oder sie öfter eine geschlossene Hand,
- sind seine oder ihre Hand- oder Armbewegungen fahrig,
- starrt er oder sie unentwegt bestimmte Punkte deines Körpers an,
- schaut er oder sie während des Gespräches häufiger weg, und sucht mit den Augen nach anderen möglichen Kontakten.

Wer sich dir gegenüber so verhält, erweist dir keinen Respekt oder Wertschätzung. Du solltest dir als „Objekt“ zu schade sein.

„Was mache ich, wenn mein/e Partner/in mit seiner/ihrer Körpersprache Ablehnung signalisiert?“

Bei ablehnenden körpersprachlichen Signalen, solltest du deinem Partner mehr Alternativen bieten. Finde heraus, was ihm nicht gefällt.

Stellst du jedoch fest, dass dein Partner bei seiner ablehnenden Körperhaltung bleibt, gibt es in dieser Situation wahrscheinlich keine gemeinsame Ebene.

Sitzt dein Partner ‚auf dem Sprung’, oder zeigt dir gar die ‚kalte Schulter’, dann solltest du ihn gehen lassen.

„Können Frauen körpersprachliche Signale und Botschaften besser deuten?“
Unabhängig davon, dass Frauen und Männer unterschiedliche Fähigkeiten und Begabungen haben, setzen Frauen mehr Empathie ein.

Frauen haben ein besseres Gefühl für körpersprachliche Aussagen. Frauen nehmen aufgrund des doppelten X-Chromosoms z. B. Farben differenzierter wahr als Männer. Frauen haben ein breiteres Sehfeld, und einen ausgeprägten Ur-Instinkt. Eine Frau erhält z. B. mehr nonverbale Aussagen und Informationen ihrer heranwachsenden Kinder, und entwickelt mehr Instinkt für das, was in ihnen vorgeht.

Die Fachhochschule Landau hat festgestellt, dass Frauen auch besser hören.

„Welche Signale meiner Körpersprache aktiviere ich, um das Interesse an mir zu erhöhen?“

Was du denkst, wird deine Körpersprache ausdrücken und sichtbar machen!
Je besser du ‚drauf‘ bist, desto eher wirst du den Partner in deinen Bann ziehen. Positive Gedanken strahlen automatisch auf den Partner über.

Verstärke dein selbstbewusstes Auftreten, in dem du ‚Spannung‘ in deinen Körper bringst:

- Verteile dein Gewicht gleichmäßig auf beide Beine. Du stehst somit gerade und aufrecht.
- Ziehe leicht deine Schultern zurück. Das wirkt lust- und kraftvoll. (Hängende Schultern bewirken das Gegenteil.)

- Lege deine Hände locker ineinander in der Höhe deines Bauchnabels.
- Jetzt kannst du jederzeit mit deinen Händen gestikulieren, wenn du etwas erklären oder argumentieren willst.
- Blickkontakt und Lächeln auf keinen Fall vergessen.

„Welche nonverbalen und verbalen Signale zeigt ein Mann beim Flirten?“

Als Frau kannst du beobachten, dass der Mann oft in deine Richtung schaut.

- Er sucht dabei den Blickkontakt zu dir.
- Er wird dich anlächeln und dabei nervös hin und her ‚tänzeln'.
- Natürlich wird er versuchen, öfter, und selbstverständlich ‚rein zufällig' deine Hand oder deinen Arm zu berühren.
- Dadurch, dass er dich kennen lernen will, wird er dir persönliche Fragen stellen, z. B. was du magst oder ablehnst. Dabei werden seine Pupillen erweitert sein.
- Er wird dir Komplimente machen, und vieles erzählen, um dich zu beeindrucken.

„Welche nonverbalen und verbalen Signale zeigt eine Frau beim Flirten?“

Als Mann kannst du beobachten, dass die Frau oft in deine Richtung schaut.

- Sie wird dich dabei mit ihren Blicken ‚mustern'.
- Sie wird sich öfter kontrollieren, ob alles sitzt.
- Sie wird dir offen gegenüber sitzen (keine verschränkten Arme).
- Ganz ‚zufällig' und natürlich ‚völlig unabsichtlich' wird sie zu dir Körperkontakt aufnehmen

(Berührungen).

- Dass sie leicht nervös ist, erkennst du daran, dass sie mit ihren Haaren, ihrem Schmuck oder ihrer Kleidung ‚spielt'
- Sie wird dich mit ihrem leicht zur Seite geneigten Kopf anlächeln, und öfter auch anblinzeln.
- Dir wird auffallen, dass ihre Haut leicht gerötet ist, ihre Pupillen erweitert sind, und ihre Stimme höher klingt als sonst.
- Sie wird dir ‚gespannt' zuhören, mit dir lachen, und dir natürlich auch persönliche Fragen stellen.

Gedanken und Gefühle in der Körpersprache.

Gedanken und Einstellungen werden in viel stärkerem Maße von Gefühlen beeinflusst, als wir es wahrhaben wollen. Gefühle drücken sich sehr stark in unserer Körpersprache aus. Was und wie wir denken, bestimmt zunächst das Gefühl, und dann erst unser Handeln.

Jedes Gespräch, jede Verhandlung, und letztlich auch jede Entscheidung wird privat wie beruflich von unserer gefühlten Körpersprache gesteuert.
Deine eigenen Gedanken und Gefühle sind Voraussetzung für eine magische Atmosphäre deiner positiven nonverbalen und verbalen Kommunikations-Instrumente.

Das eigene Emotionsbarometer lässt sich steigern:

Meine Augen	Meine Stimme	Meine Hände
Augen drücken u.a. folgende Emotionen aus: **Freude** **Staunen** **Energie** **Spaß** **Neugier** **Spannung** **Flirtbereitschaft** **Lust** **Bejahung** **Enttäuschung** **Zorn** **Hass** **Trauer** **Ablehnung** **Verneinung** **Leiden**	1. Die Stimme immer nach vorne richten. 2. Die **Bandbreite** der Stimme nutzen und einsetzen (Übung). **3. Endsilben** deutlich aussprechen. 4. Die **Aussagekraft** eines Wortes hörbar betonen. 5. Die **Interpunktion** muss klar erkennbar sein. **6. Stimme senken:** Punkt setzen, entscheiden, beenden. **7. Stimme heben:** Neugierde, Spannung, Erwartungen, Fragen stellen.	1. Ausführende **Bewegungen** müssen rund sein. **2. Finger** entspannt und geschlossen. **3. Hände** stets offen nach außen zeigen (suggeriert Offenheit). 4. Symbolische Hand-**Gesten** einsetzen. 5. Hände weg vom Mund! 6. Hände können je nach Anlass: berühren, streicheln, fühlen, tasten, u.a.

Kurzgefasste Interpretationen der Körpersprache

Was zeigen wir, indem wir die Hände falten oder uns am Kinn reiben?
Es gibt unendlich viele Deutungen. Die Wahrheit liegt meist in der Mitte. Hier einige der häufigsten Gesten und deren allgemeine Interpretationen:

Kopfbewegungen

Kopf senken	sich entschuldigen, unsicher, niedergeschlagen
Direkter Blickkontakt	sicher, interessiert, offen
Blickkontakt wird vermieden	unsicher, vielleicht sogar lügen
Stirn runzeln	zweifeln, konzentrieren, aufmerksam sein

Bewegungen des Oberkörpers

Oberkörper vorlehnen	interessiert
Oberkörper zurücklehnen	ablehnend, desinteressiert, selbstzufrieden

Armbewegungen

Arme vor der Brust verschränkt	skeptisch, desinteressiert, ablehnend
Weite, offene Armbewegungen, (Ellenbogen weg vom Körper)	sicher, überzeugt

Verhaltene Armbewegungen	unsicher, gehemmt

Handbewegungen

Hände ballen	zornig, entschlossen
Hände um Gegenstand (z.B. Stuhllehne)	Verkrampft, unsicher, verhalten
Hände in die Hüften gestemmt	entrüstet, überheblich

Beinbewegungen

Beine oft bewegen	unruhig, nervös, aufgeregt

Steigere dein Ausdrucksvermögen!

Gemeint ist nicht, dass du klar und deutlich sprichst.
Es kommt auf die Wahl deiner Worte an. Deshalb nenne ich das auch **„Magie der Worte“**! Generell drücken sich Menschen gut aus, die bereits in ihrer Jugend viel gelesen haben. Nur das aktive Lesen erweitert ständig den eigenen Wortschatz!

Hier vier sehr wirkungsvolle Tipps für dich:

1. Verbinde deine Aussagen, wann immer es geht, mit den magischen Worten „Bitte“ und „Danke“!
2. Setze stets ein Adjektiv vor ein Substantiv! Beispiele:

Schmuck	besser:	**wertvoller** Schmuck
Langeweile	besser:	**gnadenlose** Langeweile
Fortbildung	besser:	**erfolgsorientierte** Fortbildung

3. Stelle viele Fragen!
   Nicht nur reden, meinen, behaupten!
   Fragen bekunden Interesse an der Person, oder an dem Thema!
4. Erarbeite dir ein Kompositum, damit du mit deinem Ausdrucksvermögen und deinen Formulierungen unschlagbar wirst!

Das Schnellformulierungs-System

Unsere deutsche Sprache bietet eine außergewöhnliche Möglichkeit:

Jedes beliebige Substantiv kann mit anderen Hauptworten und

einem Adjektiv verbunden werden, und schafft somit einen neuen Begriff. Linguisten sprechen vom KOMPOSITUM (Wortverknüpfung).

Faszinierend ist dabei, dass ein Kompositum immer in einem logischen und erklärbaren Zusammenhang steht.

Dieses **„Schnellformulierungs-System“** verleiht dir eine sprachlich geprägte Autorität.

Mein Beispiel zeigt dir, dass jedes Adjektiv und Substantiv miteinander verbunden, und immer in einem erklärbaren Zusammenhang verwendet werden kann.

Viele meiner Workshop-Teilnehmer haben sich direkt ans Werk gemacht, und ihr eigenes Kompositum erarbeitet. Sie haben die Bedeutung dieser „Ausdrucks-Wunderwaffe“ sofort erkannt.

Dieses Kompositum hat eine Führungskraft eines großen Unternehmens erarbeitet:

konzentrierte	Management-	-struktur
integrierte	Organisations-	-flexibilität
psychologische	Identifikations-	-ebene
systematisierte	Markt-	-tendenz
progressive	Internet-	-programm
suggestive	Fluktuations-	-konzeption
zielorientierte	B2B-	-phase
globale	Wachstums-	-potenz
qualifizierte	Marketing-	-problematik
erfolgreiche	Team-	-strategie

Hieraus lassen sich hunderte neuer Wortverknüpfungen kreieren. Beispiele:

> konzentrierte Managementstrategie
> zielorientierte Marktflexibilität
> systematisierte Marketingstruktur
> progressive Wachstumsphase
> usw. usw.

KOMPOSITA (Wortverknüpfungen)

- erregen höhere Aufmerksamkeit,
- sorgen für aktives Zuhören,
- vermitteln Sachverhalte mit mehr Effizienz,
- gestalten Sprache lebendig, packend, erfrischend und begeisternd.

Es entsteht ein unglaubliches wortreiches Ausdrucksmögen, was du in diesem Buch unter dem Stichwort „Kreativität“ selbst leicht erarbeiten kannst. Tue es!

Im Laufe der Zeit solltest du Adjektive und Substantive stets neu, dem Zeitgeist entsprechend überarbeiten.

Das Geheimnis in der Anwendung deines Kompositums wirst du durch positive Feedbacks sehr schnell selbst entdecken!

Die geheime Macht in dir wird täglich wachsen!

Gut gesagt, ist halb gewonnen!

Das erreichen wir durch ‚magische’ Worte, die deine Sprache im Denken und Handeln positiv beeinflusst, und entsprechend auf deine Gesprächspartner wirkt. Hier einige wichtige Beispiele:

Statt **aber** oder **trotzdem**	Sage **und**
„Das ist gut, aber Sie sollten…“	Das ist gut, und gerade deshalb...
„Den Termin habe ich mir notiert, aber Sie wissen ja…“	Den Termin habe ich mir notiert, und ich werde alles daran setzen,...
„Ich verstehe Sie. Trotzdem ist es besser, …“	Ich verstehe Sie und schlage vor...

„Aber“ + **„Trotzdem“ behindert und zerstört die Kommunikation**.
Diese Worte bauen eine psychologische Mauer auf, und sagen aus, dass es dir egal ist, welche Wünsche, Erwartungen, Zweifel oder Fragen dein Gesprächspartner hat.

Statt **dagegen** oder **gegen**	Sage **dafür** oder **für**
„Was kann ich dagegen tun, dass…“	„Was kann ich dafür tun, dass...
„Ich muss etwas gegen meine Nervosität tun.“	„Ich werde etwas für meine Ausgeglichenheit tun.“

Statt **ehrlich gesagt**	Sage **offen gesagt**

„Ehrlich gesagt“ klingt, als wäre Ehrlichkeit bei Dir eine große Ausnahme.

Statt **erst**	Sage **bereits**
„Ich habe erst angefangen,"	„Ich habe bereits angefangen,"
„Wir sind erst...	„Wir sind bereits..."

Ein „bereits" macht aus wenig mehr!"

Statt **man**	Sage **ich, du, er, sie**
„Man könnte in jedem Fall..."	„Sie können in jedem Fall..."
„Man muss natürlich darauf achten,..."	„Achte bitte darauf, dass..."

Wenn du oft in der „man-Form" sprichst, fühlt sich dein Gesprächspartner nicht persönlich angesprochen, und kann dir hier und da auch Unsicherheiten unterstellen.
Die ich, du oder wir-Form verbindet, erzeugt hohe Empathie, und stellt deinen Gesprächspartner in den Vordergrund oder Mittelpunkt.

Sehr wichtig für dein wirkungsvolles Ausdrucksvermögen ist ebenfalls, dass du Konjunktive vermeidest:

Statt **sollte - könnte - müsste**	Sage sinngemäß **„Ich will. Ich kann. Ich werde."**

Dass sich in deinem Ausdrucksvermögen viel Empathie widerspiegeln sollte, ist dir bereits bewusst.

Hier für dich einige **positive und empathische Formulierungen**, die dir in deinen privaten und beruflichen Gesprächen helfen werden:

1. Das ***verstehe*** ich.
2. Hierin ***stimme ich Ihnen*** voll und ganz ***zu.***
3. An Ihrer Stelle würde ich mich genauso ***ärgern***.
4. Aus Ihrer Sicht haben Sie natürlich ***recht***, und gerade deshalb ......
5. Das hört sich sehr ***interessant*** an. Offen gesagt, es ***überrascht*** mich, ...
6. Ich finde es ***toll***, wie Sie ....
7. Ich höre Ihnen ***als Profi*** gerne zu, weil ....
8. Danke, dass ich ***von Ihnen*** wieder etwas ***lernen*** konnte.
9. Was können wir gemeinsam ***tun***, damit ....
10. Ich ***wünsche*** mir, dass ....
11. Was können wir gemeinsam ***tun***, damit ....
12. ***Beobachten*** Sie auch, dass ....
13. Ich ***freue*** mich, wenn ....
14. Es liegt mir am Herzen, Ihnen für .... zu ***danken***.
15. Herzlichen Dank, dass Sie mit uns ***gemeinsam*** ....
16. Ich bin ***überzeugt***, dass wir beide gemeinsam ....
17. Ich danke Ihnen für Ihr ***Vertrauen***, weil ....
18. Ihr ***Erfolg*** motiviert mich sehr. Was wollen wir jetzt ***anpacken***?
19. Ich kenne wenige Menschen, die sich so ***engagieren*** wie Sie.

20. Ich sehe hier eine große ***Chance*** für Sie.
21. Es macht immer wieder ***Spaß***, mit Ihnen zu reden.
22. Ich helfe Ihnen gerne bei der ***Lösung*** Ihrer Aufgaben.
23. Ich bitte Sie um ***Verständnis*** dafür, dass ....
24. Gerade das ist der ***Grund***, warum ich ....

Vermeide auf jeden Fall DU-Botschaften!

Stelle dir einmal vor, jemand sagt folgende Sätze zu dir:

„Lass das sein…“	**Befehlen**
„Wenn Du so weiter machst, …“	**Drohen**
„So wie Du kann man …“	**Belehren**
„Du bist …“	**Urteilen**
„Warum musst Du immer …“	**Verhören**

Solche DU-Botschaften werden von deinen Gesprächspartnern als **Herabsetzung oder Ablehnung** empfunden, die immer „Vergeltungsmassnahmen“ provozieren!

DU-Botschaften dringen meist negativ in das Verhalten, Fühlen, Denken und Handeln deines Gesprächspartners ein.

DU-Botschaften sind für die oft dahinter stehenden Wünsche, Ziele, Sorgen oder Probleme deines Gesprächspartners nicht fördernd und nicht hilfreich.

Du wirst als rechthaberischer Besserwisser oder als aufdringlicher Lehrmeister empfunden! Eine physische und / oder psychische Ablehnung deiner Person ist meist die Folge.

Sprich per ICH, und werde ab sofort ICH-Botschafter!

Dein Ziel muss sein, mit Menschen offen, fair und direkt umzugehen. Eine gute ICH-Botschaft ist realitätsbezogen und stellt Tatsachen in den Vordergrund.

Deine ICH-Botschaften beschreiben das Verhalten deines Gesprächspartners, und dessen Ziele, Wünsche, Sorgen und Probleme wesentlich besser, **und das ohne jegliche Wertung!**

Hier für dich einige „ICH-Botschaften“, die dir zeigen, dass es auch anders geht, als mögliche Herabsetzungen oder Ablehnungen zu provozieren:

„Ich habe Sie die letzten beiden Male vermisst. Gab es einen besonderen Grund?“
„Ich ärgere mich, dass Sie gefehlt haben.“
„Ich kann ohne Sie die Präsentation nicht planen!“
„Ich bin neugierig auf Ihre Lösungsvorschläge!“

Mit zunehmender Übung werden deine ICH-Botschaften immer natürlicher und dir in ‚Fleisch + Blut' übergehen. **Das erhöht deine Persönlichkeitswirkung und steigert deine Autorität!**

Sprachmuster für deine künftigen ICH-Botschaften:

Ich wünsche mir von Ihnen, ...
Ich freue mich, ……
Ich denke, ……
Ich entdecke, ……
Ich empfinde, ……
Ich möchte, ……
Ich möchte gerne mit Ihnen ……
Ich ärgere mich, ……
Ich will …...
Ich kann ……
Ich werde ……
Ich verspreche Ihnen, ……
Mir macht es keinen Spaß, ……
Mir fällt auf, ……
Mir ist bewusst, ……
Mich stört, …
Meine Sorgen, Probleme, Wünsche oder Ziele sind...

Dein Ausdrucksvermögen ist ein bedeutender Imagefaktor!

Hier für dich die einzelnen Faktoren auf die es ankommt:

Diese Faktoren fördern das Image deines Ausdrucksvermögens:	Diese Faktoren schaden dem Image deines Ausdrucksvermögens:
• **gewandt im Ausdruck**	• nicht gewandt im Ausdruck
• **Natürlich**	• Affektiert
• **konkrete Formulierungen**	• verschwommene Formulierungen
• **viele Fakten**	• viele Vermutungen
• **Klarheit im Satzaufbau**	• Verwirrungen im Satzaufbau
• **kurze Sätze**	• lange Sätze
• **sprechen in Bildern (Eidetik)**	• sprechen ohne Bilder
• **viele Vergleiche und Beispiele**	• wenig Vergleiche und Beispiele
• **persönlicher Stil**	• Schablonenhaft
• **deutliche Aussprache**	• undeutliche Aussprache

Wecke deine Kreativität!

Die kürzeste und meines Erachtens beste Definition für Kreativität entdeckte ich bei Rainer Matthias Holm-Hadulla. Sie lautet:

"Kreativität ist die Neukombination von Informationen!"

Kreativität im weitesten Sinn beruht auf der Fähigkeit von

- freien Assoziationen,
- genügend Phantasien,
- und Spaß am Spiel (auch Gedankenspiele)

Da die kreativen Denkprozesse überwiegend unbewusst ablaufen, werden kreative Einfälle oft als Eingebung erlebt. Kreative Denkprozesse können auch im Schlaf ablaufen. Dein kreatives Denken wird mit zunehmendem Alter durch wissensbezogene und logische Sinnproduktionen ergänzt.
Andererseits kann deine kreative Fähigkeit durch eine einseitig auf verbalem Wissen orientierte Erziehung und Bildung verschüttet werden und hierdurch möglicherweise auch ganz verkümmern.
Du kannst deine kreativen Denkprozesse durch spezielle Kreativitätstechniken fördern. Drei spannende und wirkungsvolle Techniken habe ich für dich ausgewählt, die ich dir jetzt nennen und beschreiben werde. Probiere sie aus, und du wirst über dein kreatives Potenzial erstaunt sein.

1. Brainstorming
Diese Kreativtechnik wurde von Alex Osborn erfunden, und von Charles Hutchison weiter entwickelt. Brainstorming bedeutet, dass du dein Gehirn zu einem Sturm auf ein Problem oder eine Lösungsmöglichkeit verwendest. Diese Methode lässt sich sehr gut in Gruppen anwenden. Es gilt folgende vier

Spielregeln dabei einzuhalten:

- Kombinieren und Aufgreifen von bereits geäußerten Ideen.

- Kommentare, Korrekturen und Kritik sind nicht erlaubt.

- Viele Ideen in kürzester Zeit (ca. 5 bis 30 Minuten).

- Freies Assoziieren und Phantasieren sind erwünscht.

2. Brainwriting

Das ist eine Kreativitätstechnik, die in Gruppen angewandt wird, und dem Brainstorming ähnelt. Das Besondere des Brainwriting gegenüber dem Brainstorming ist, dass jeder Teilnehmer in Ruhe seine Ideen sammelt und schriftlich bearbeiten kann.

Brainwriting wird meist dort eingesetzt, wo es um Ideenentwicklung in der Werbung, im Vertrieb oder auch im Marketing geht. Generell gilt: Qualität vor Quantität. Beim Brainwriting wird darauf geachtet, dass alle hemmenden Faktoren minimiert sind. Die Teilnehmer sollen ohne jede Einschränkung Ideen produzieren. Das Brainwriting teilt sich in zwei Phasen:

- Die erste Phase dient dem Entwickeln von Ideen und Assoziationen. Eine Bewertung fremder, wie eigener Ideen ist nicht erlaubt, weil hierdurch das Finden neuer Ideen erschwert wird.

- In der zweiten Phase werden die Ergebnisse dann einer ausführlichen Kritik unterzogen, und die besten Ideen genutzt.

3. Methode 635

Bei der Anwendung dieser Methode erhält jeder Teilnehmer ein gleich großes Blatt Papier. Dieses wird mit drei Spalten (vertikal) und sechs Reihen (horizontal) zu achtzehn Kästchen aufgeteilt.

Nun wird jeder der sechs Teilnehmer aufgefordert, im ersten Kästchen jeder Spalte eine Idee (insgesamt 3 Ideen) zu verfassen.

Jedes Blatt wird nach etwa drei bis fünf Minuten (je nach Schwierigkeitsgrad der Problemstellung) von allen Teilnehmern gleichzeitig im Uhrzeigersinn weitergereicht.

1. Der Nächste soll nun versuchen, die bereits genannten Ideen aufzugreifen, zu ergänzen und weiter zu entwickeln.

2. Die Bezeichnung Methode 635 ergibt sich aus der optimalen Anzahl von sechs Gruppenmitgliedern.

3. **Mit dieser Methode entstehen innerhalb von 30 Minuten maximal 90 Ideen: 6 Teilnehmer x 3 Ideen x 5 Rundläufe!**

Dein kreatives Kompositum

Du erinnerst dich noch an das wirkungsvolle Kompositum, unter dem Stichwort „Ausdrucksvermögen“, in dem ich dir dieses Geheimnis genannt habe?

Die Erarbeitung eines eigenen Kompositums habe ich dir dort dringend ans Herz gelegt. Es gehört natürlich absolut zu deiner Kreativität im Umgang mit Worten.

Du hast jetzt die „Magie der Formulierungen“ in deinen Händen, die dir wesentlich mehr Aufmerksamkeit geben werden!

Ich habe mir mit einigen Vorgaben erlaubt, dir deine kreativen Wortspiele zu erleichtern.

konzentrierte		
	Führungs-	
		-tendenz
intelligente		
	Wachstums-	
erfolgreiche		-strategie

Nutze diese innere Macht in dir, und wende dein Kompositum an!

Setze die Magie des Fragens ein!

Meine Frau und ich waren Gäste bei einem guten Bekannten, der seine berufliche Beförderung zum Vertriebsleiter feierte. Insgesamt nahmen rund 40 Personen an dieser Feier teil. Kollegen, Freunde, Verwandte.

Ein großartiges Bufett verwöhnte unsere Gaumen. Die Getränkeauswahl imponierte. Der Sohn war an diesem herrlichen Sommerabend DJ in der aufgebauten Garten-Disco, und forderte uns zum Tanz mit ausgesuchten Hits und Songs.

Es wurde geplaudert, gelacht und mit zunehmendem Alkoholeinfluss auch gesungen (Karaoke). Eigentlich ein gelungener Abend.

Auf der Rückfahrt fragte ich meine Frau: „Wie hat es dir gefallen?"
Ihre Antwort: *„Ganz gut. Na ja, wie immer."*
„Was heißt wie immer?"
„Du weißt schon. Alle haben nur von sich erzählt. Kaum jemand hat mich mal etwas gefragt."

Ich habe meiner Frau zugestimmt, weil auch niemand an mich eine Frage stellte, die ein gutes Gespräch zur Folge gehabt hätte.

Gemeint sind **keine allgemeinen Bla-bla-Fragen**, wie zum Beispiel:

Wie geht es Ihnen? Kommen Sie auch aus ….? Haben wir heute nicht Glück mit dem Wetter?

Diese Fragen eignen sich immer dann, wenn man nichts zu sagen hat, oder keine wirkliche Kommunikation will.

Und gemeint sind auch keine **Pseudointeressens- oder auch Verlegenheitsfragen**, die oft zeigen, dass die Antwort überhaupt nicht interessiert. Drei während dieser Party erlebten negativen Beispiele:

Frage an mich:	*Sind Sie ein Kollege von Herrn ……?*
Meine Antwort:	Ja, ich arbeite mit Herrn ………. gerne zu- sammen.
Gegenantwort:	*Sicherlich interessant. Na, dann will ich mal rüber zu den anderen gehen. Wir sehen uns ja noch.*

Frage an mich:	*Was machen Sie denn beruflich?*
Meine Antwort:	Ich trainiere und coache in Unternehmen.
Gegenantwort:	*Oh, das kenn' ich. Unsere Firma macht auch viele Seminare. Ist ja auch wichtig. Also bis später dann.*

Frage an mich:	*Wie lange sind Sie schon verheiratet?*
	Meine Antwort: Wir haben die Silberhochzeit schon hinter uns.
Gegenantwort:	*Schön. Wir haben's noch vor uns. O.k. bis nachher.*

Du kannst dir sicherlich vorstellen, dass mit diesen drei Menschen kein weiteres Gespräch mehr zustande kam. Denn gerade Sätze wie *„wir sehen uns ja noch"*, *„also dann bis später"*, oder *„o.k. bis nachher"* garantieren fast, dass es zu keiner Kommunikation mehr kommen wird.

Natürlich sind nicht alle so. Und nicht jeder ist für jeden interessant genug. Doch es fällt auf, dass es vielen Menschen schwer fällt Fragen zu stellen, aus denen sich möglicherweise ein gutes oder gar konstruktives Gespräch entwickeln kann.

Hast du dir schon einmal überlegt, warum du generell mehr Fragen stellen solltest, statt vorwiegend zu reden, zu meinen, zu sagen, zu behaupten?

Es gibt zehn ganz klare Gründe, warum du mehr fragen sollst:

- Durch Fragen stärkst du deine persönliche Beziehung zu deinem Gesprächspartner.
- Fragen vermitteln deinem Gesprächspartner, dass seine Meinung wichtig ist.
- Gute und positive Fragen werden kaum als Angriffe aufgefasst.
- Offene Fragen öffnen schweigsamere Gesprächspartner.
- Fragen geben dir die Möglichkeit Informationen und Aussagen deines Gesprächspartners überprüfen zu können, Missverständnisse zu vermeiden, und festzustellen, ob deine Argumente und Aussagen richtig angekommen sind.
- Geschicktes Fragen ‚zwingt' deinen Gesprächspartner intensiver nachzudenken.
- Gekonnte Fragen helfen deinem Gesprächspartner ‚eingefahrene Gleise' verlassen zu können.
- Fragen öffnen deinen Gesprächspartner. Er wird dir schneller seine Ziele, Wünsche und Bedürfnisse nennen. Das hilft dir deine Argumentation entsprechend aufbauen zu können.

- Fragen stellen bedeutet:
  Den Gesprächspartner aktivieren.

- „Wer fragt, der führt!“
  Fragen bringen das Gespräch auf den Punkt!

Die psychologischen Aspekte des Fragens!

Ein Mensch spricht ca. 130 bis 150 Worte pro Minute (gutes Sprechtempo). Was uns jedoch aus der Verhaltensforschung aufhorchen lässt, ist die Tatsache, dass der gleiche Mensch **in** einer Minute ca. 500 bis 600 Wörter denken kann. Was ist die natürliche Folge?
Je mehr ich rede, umso mehr Zeit hat mein Gesprächspartner, über mögliche Einwände oder abweichende Reaktionen nachzudenken.

Es kommt in deinen Gesprächen und Verhandlungen vielmehr darauf an, mit guten und zielorientierten Fragen deinem Gesprächspartner entsprechende Antworten zu entlocken. Nur so erfährst du die Gedanken deines Gesprächspartners.

**Beachte meine sieben Tipps
zur Strategie des Fragens:**

1. **Bitte stets um Erlaubnis Fragen stellen zu dürfen, und / oder, ob du dir eventuell auch Notizen machen darfst.**
   „Darf ich Ihnen hierzu eine Frage stellen?“
   „Sind Sie einverstanden, dass ich mir einige Notizen mache?“ Vermeide gerade zu Beginn eines Gespräches unangenehme Themen.

2. **Starte dein Gespräch möglichst mit einer offenen Frage, die dein Gesprächspartner gerne beantwortet. Das baut Vertrauen auf!**

„Wie denken Sie hierüber?“
„Was können wir gemeinsam.....?“
„Welche Lösung schlagen Sie vor?“
„Wer wird Sie unterstützen?“
„Wann wollen Sie starten?“

3. **Sorge dafür, dass sich deine Fragen konzentriert und fließend ergänzen.**
   Hierfür ist die KONDIA©-Gesprächstechnik bestens geeignet, die du in diesem Buch noch kennen lernst.

4. **Formuliere deine Fragen kurz, verständlich und präzise!**
   Eine gute Frage sollte wenig Schachtelsätze und wenig Kommata enthalten. In einigen meiner Workshops lasse ich Fragen erarbeiten, die nicht mehr als neun Worte beinhalten! Das ist leicht möglich, wenn du es willst. Trainiere es einmal schriftlich, und du wirst von dir begeistert sein.

5. **Stelle immer nur eine Frage!**
   Mehrere Fragen auf einmal verwirren deinen Gesprächspartner!
   Außerdem löst du dabei sehr oft die Struktur oder den Leitfaden deines Gespräches auf.

6. **Wenn du Fragen stellst, schaue deinem Gesprächspartner ins Gesicht und in die Augen!**
   Das dokumentiert Interesse und festigt deinen Willen auf eine Antwort deines Gesprächspartners.

7. **Achte auf die Signale und Botschaften des Körpers deines Gesprächspartners** (Körpersprache).

   Denke daran:
   Ein Lächeln sagt oft mehr als viele Worte!

Vermeide unbedingt die folgenden typischen Fehler beim Fragen!

1. **Eigene Antwort**
   Du gibst die Antwort auf deine Frage selbst vor, z.B.
   „Was stört Sie in diesem Fall am meisten? Ich meine, es wird Ihnen genau so gehen wie mir, dass ...“
   Die Folge: Du ‚entmündigst' deinen Gesprächspartner!
   Die Lösung: Frage offen und formuliere kurz, anschlie ßend Mund halten.

2. **Suggestiv-Fragen.**
   Du lenkst die Antwort in eine bestimmte Richtung z.B.*„Sie engagieren sich doch sicher auch gerne in sozialen Einrichtungen?“*
   Die Folge: Dein Gesprächspartner fühlt sich manipuliert. Er wird entweder blind zustimmen, oder baut innere Blockaden auf.
   Die Lösung: Die eigenen Hoffnungen und Beweggründe offen als solche aussprechen.

3. **Drohende Fragen.**
   Du stellst bohrende Fragen mit unfreundlichem Unterton, z.B.
   „Was ist eigentlich heute mit Ihnen los?“
   Die Folge: Der Befragte wird mauern und zu Ausreden greifen.
   Die Lösung: Positive ICH-Botschaften formulieren. Vermeide Fragen, die dein Gesprächspartner nur mit ‚Ja' oder ‚Nein' beantworten kann.

4. **Mehrfachfragen.**
   Du stellst zu viele Fragen in einem Satz, z.B.
   „Wie wirkt das auf Sie, was fanden Sie nicht so gut, und was würden Sie ändern?“

Die Folge: Dein Gesprächspartner wird nie alle Fragen zugleich beantworten.
Die Lösung: Frage stellen, Antwort abwarten, nächste Frage.

5. **Nicht ausreden lassen.**
Du unterbrichst und lenkst die Antwort in eine andere Richtung, wartest die Antwort nicht ab, und stellst schon die nächste Frage.
Die Folge: Dein Gesprächspartner fühlt sich manipuliert, reagiert verärgert, macht dicht.`
Die Lösung: Warte die Antwort vollständig ab, auch wenn es dir noch so schwer fällt. Höre aktiv zu. Anschließend frage gezielt weiter.

Vier Fragearten, die du sofort erfolgreich anwenden kannst!

Lasse dich nicht verunsichern, wenn dir „Besserwisser" zehn, zwanzig oder noch mehr Fragetechniken anbieten wollen. Außerdem bezeichne ich solche nicht als Techniken, sondern als Fragearten.

Ich möchte dir **nur vier unterschiedliche Fragearten** näher bringen, mit denen du jedes Gespräch entscheidend lenken und führen kannst.

1. Offene Frage (W-Fragen: was, wer, wo, warum, wann, u.a.m.)
Die psychologische Bedeutung dieser Frageart:
öffnet, lockt deinen Gesprächspartner aus der Reserve, gibt dir wichtige Informationen, dein Partner stellt dir seine Probleme dar.

Musterfragen:
Wie denken Sie über ....?
Welche Vorteile hat das für Sie?

2. Alternativfrage (entweder - oder / sowohl als auch)
Die psychologische Bedeutung dieser Frageart:
Sorgt für eine straffe und zielorientierte Gesprächsführung.

Musterfragen:
Ist es Montag oder Freitag für Sie günstiger?
Tendieren Sie mehr zur roten oder blauen Farbe?

3. Richtungsfrage (Selbstüberzeugungsfrage)
Die psychologische Bedeutung dieser Frageart:
Dein Gesprächspartner überlegt selbst, gibt dir gezielte Informationen, und liefert Ansatzpunkte. Wenn dein Partner deine Richtungsfragen mit ‚JA' beantwortet, überzeugt er sich letztlich selbst!

Musterfragen:
Können Sie sich vorstellen, dass .....
Interessiert es Sie, dass ....

4. Reflektierende Frage (Feedbackfrage / kontrollierter Dialog)
Die psychologische Bedeutung dieser Frageart:
Hohe Empathie. Wiederholung der Aussagen deines Gesprächspartners in Frageform. Vermeidet negative Stellungnahmen des Partners. Dein Gesprächspartner kann sich selbst korrigieren.

Musterfragen:
Wenn ich Sie richtig verstehe, meinen Sie ......
Sie halten es für notwendig, dass ......

Führe erfolgreiche Gespräche und Verhandlungen mit KonDia©

Egal, ob du ein Gespräch oder eine Verhandlung führst, es gibt eine Gesprächstechnik, die dich in jedem Falle weiterbringen wird!

Es ist die Technik des kontrollierten Dialogs. Ich nenne sie **KonDia© .**

Denke einmal an dein letztes Gespräch oder deine letzte Verhandlung. In Gesprächen und Verhandlungen sind beide Gesprächspartner oft mit eigenen Gedanken beschäftigt.

Oft hört jeder nur was er schon kennt oder hören will!
Dabei erinnerst du dich vielleicht an eigene Geschichten und Erlebnisse, schweifst innerlich ab, beurteilst und bewertest das Gehörte.
Du überlegst dabei, was du erzählen willst, legst dir schon mal eine Strategie zur Erwiderung zurecht, oder bist innerlich noch mit ganz anderen Dingen beschäftigt. Dabei verpasst du oft die wesentlichen Inhalte des Gesprächs.
Es stellt sich eine mangelnde Empathie deinerseits ein. Deinem Gesprächspartner wird es ähnlich ergehen.

Mit dem ‚Kontrollierten Dialog' lernst du deine Gespräche strukturiert und einfach zu führen!

Du lernst mit der Anwendung des kontrollierten Dialogs:

- präziser zu sprechen,
- aktiver zuzuhören,
- hohe Empathie einzusetzen,
- besser zu kommunizieren,
- und Gespräche wesentlich effizienter zu führen.

Du trainierst mit der Anwendung des kontrollierten Dialogs:

- Kommunikationsstörungen zu beseitigen,
- die Verständigung zu verbessern,
- Aufmerksamkeit und Wahrnehmung zu steigern,
- dich präziser auszudrücken,
- und genau zuzuhören.

Wie funktioniert die KonDia©-Technik?

1. Du eröffnest das Gespräch mit einer Frage!
2. Der Antwort deines Gesprächspartners entnimmst du sinngemäß bestimmte Worte deines Gesprächspartners (Reizworte)!
3. Mit diesen ‚Reizworten' stellst du die nächste Frage!

Je nach Gesprächssituation stellst du dann die Schluss- oder Entscheidungsfrage.
Du findest auf den folgenden Seiten einige Mustergespräche im kontrollierten Dialog, die ich mit Trainingsteilnehmern und Führungskräften schon mehrere Male durchgeführt habe. Ich gebe dir diese auszugsweise im Original wieder, da ich

wichtige Gespräche mit Einverständnis der Probanten meist aufzeichne.
Die entsprechenden Reizworte habe ich unterstrichen, damit du die Technik des kontrollierten Dialogs nachvollziehen kannst.

1. Mitarbeiterfördergespräch in der KONDIA© - Technik:

Die gute Mitarbeiterin, Karin W. (KW), soll „Assistentin des Geschäftsführers“ werden.

„Welche Möglichkeiten sehen Sie für sich, hier im Hause beruflich weiterzukommen?“

KW: *„Offen gesagt, darüber habe ich noch gar nicht nachgedacht.“*

„Da Sie eine gute Mitarbeiterin sind, haben wir für Sie schon einmal nachgedacht.“

KW: *„Da bin ich aber gespannt, was Sie denken.“*

„Ich denke, dass Ihre Fähigkeiten gefördert werden sollten.“

KW: *„Wieso Fähigkeiten? Ich mache hier meine Arbeit so gut ich es kann.“*

„Frau W. mich interessiert einmal, was machen Sie in Ihrer Tätigkeit besonders gern?“

KW: *„Hmm. Ich organisiere gern, und lege Wert darauf, dass unsere Kunden zufrieden sind ,und mein Chef sich auf mich verlassen kann.“*

„Sie haben es gerade gesagt. Ihrem Chef ist aufgefallen, dass er sich voll und ganz auf Sie verlassen kann. Kön nen Sie sich vorstellen, die Assistentin Ihres Chefs zu werden?“

KW: *„Jetzt bin ich aber platt. Soll das heißen, dass ich die Assistentin meines Chefs werden kann?“*

„Ja, Frau W., das soll es heißen. Wie denken Sie hierüber?“

KW: *„Das freut mich natürlich sehr!"*

Wir unterhielten uns noch über einige Zusatzaufgaben, ihr verbessertes Einkommen, ihre neuen Privilegien, und ganz besonders über den neuen Umgang mit ihren Kollegen. Frau W. hat bis heute ihre neue Tätigkeit bestens gemeistert!

Fazit: **Nutze deine Chance!**

2. Kritikgespräch in der KonDia©-Technik:

Verkaufsleiter, Sven G., stellt einen Mitarbeiter vor Kollegen bloß.

„Herr G. Wie denken Sie darüber, dass ein Vorgesetzter einen Mitarbeiter vor den Augen der Kollegen massiv kritisiert?"

SG: *„Sie meinen bestimmt meinen ‚Ausraster' vorhin. Wissen Sie, ich habe diesem Mitarbeiter schon hundert Mal gesagt, dass er sich besser mit dem Leiter der Logistik abstimmen soll."*

„Ich verstehe Ihren ‚Ausraster'. Warum jedoch vor den Kollegen? Stellen Sie sich einmal vor, Ihr Vertriebsleiter würde das mit Ihnen so machen. Wie würden Sie reagieren?"

SG: *„Ich wäre stinksauer. Sie haben Recht, das war nicht gut von mir.Da muss ich mich mehr zusammenreißen. Soll nicht mehr vorkommen."*

„Prima. Freut mich, wenn es nicht mehr vorkommt. Wie können Sie das gegenüber Ihrem Mitarbeiter wieder gut machen?"

SG: *„Ich werde mich bei diesem Mitarbeiter entschuldigen."*

„Das finde ich sehr gut! Die Fähigkeit sich ent-

schuldigen zu können, wird Sie in den Augen des Mitarbeiters sogar stärken.
Herr G., was halten Sie davon, bei Ihrem nächsten Meeting einmal den Umgang untereinander zu thematisieren?

SG: *„Das ist ein guter Vorschlag. Ich habe da auch noch so einige Punkte, die mir am Herzen liegen."*
Auch wenn Ihnen einiges am Herzen liegt, legen Sie unbedingt Wert darauf, das möglichst emotionslos zu besprechen."

Da ich öfter in diesem Unternehmen zu tun habe, stellte ich bereits nach einigen Wochen fest, dass sich das Klima im Vertriebsbereich wesentlich verbessert hat.
Fazit: **Der Ton macht die Musik!"**

3. Konfliktgespräch in der KonDia©-Technik:

Kerstin T., Ehefrau einer Führungskraft, bittet mich um ein Gespräch.

„Frau T., was möchten Sie mit mir besprechen?"

KT: *„Wissen Sie, ich bin einfach sauer. Mein Mann lässt sich durch seine Firma völlig einnehmen. Er hat kaum Zeit für mich und unsere Kinder. Wenn ich ihn etwas frage, ist er immer kurz angebunden. Verlässliche Privattermine sind so gut wie gar nicht mehr möglich. Wir hatten früher zwar weniger Geld, doch lief es zwischen uns wesentlich besser."*
„Ich kann gut verstehen, dass Sie sauer sind. Haben Sie denn diesen Punkt mal ausführlich mit Ihrem Mann besprochen?"

KT: *„Das können Sie vergessen. Er verspricht zwar Besserung, doch gebessert hat sich in Wirklichkeit* *nichts."*

„Bleiben wir mal bei der Wirklichkeit. Welche Möglichkeiten fallen Ihnen ein, damit sie beide mehr Zeit füreinander haben könnten?"

KT: *Wir müssten einfach mal einen Zeitplan für uns festlegen. Aber das habe ich ihm ja auch schon gesagt."*

„Haben Sie denn für sich selbst einen Zeitplan?"

KT: *„Ja, den hab' ich. Ich bin hier im Ort in drei Vereinen aktiv."*

Das heißt, Sie sind an drei Abenden aktiv und nicht zu Hause?"

KT: *„Stimmt!"*

„Wenn das stimmt, erwarten Sie von Ihrem Mann, dass er sich dann Zeit nimmt, wenn Sie zu Hause sind. Ist das so?

KT: *„Da haben Sie recht. So hab' ich das noch gar nicht gesehen."*

„Wenn ich recht habe, was wäre für Sie eine Lösung?"

Ergebnis: Frau T. hat sich mit ihrem Mann geeinigt, und ist sogar in einem Verein passives Mitglied geworden. Beide sind jetzt zwei Abende füreinander da.
Fazit: **Wo ein Wille, da ein Weg!**

Hast du dir diese drei Beispiele aufmerksam durchgelesen?

Dann sind dir die enormen Vorteile dieser KonDia©-Gesprächstechnik sicherlich aufgefallen:

- Durch die Wortwiederholungen agierst du gleichzeitig mit den Worten deines Gesprächspartners, und wendest aktiv die erforderliche Empathie an.

- Die KonDia©-Gesprächstechnik sorgt dafür, dass du ständig ‚am Ball bleibst', nicht das Thema wechselst, und stets konstruktive Fragen stellst.
- Dass sich dein Gesprächspartner ernst genommen fühlt!
- Dass du dein Gespräch ausschließlich in Frageform führst!

Übe diese Gesprächstechnik jeden Tag!

Gesprächsanlässe gibt es genug. Egal ob privat oder beruflich. Es gibt sicherlich auch für dich einige Menschen, mit denen du schon lange mal über ein bestimmtes Thema reden möchtest. Bereite deine Gesprächsziele innerlich vor.

Denk daran!

> ***„Mache du den ersten Schritt. Der andere wartet schon darauf!"***

Du wirst erleben,

- dass deine künftigen Gespräche **wesentlich straffer** werden,
- du **schneller auf den Punkt** kommst,
- und es **immer zwei Gewinner** gibt: Du und dein Gesprächspartner!

Nachdem du die KonDia©-Gesprächstechnik jetzt ausführlich kennen gelernt hast, möchte ich dir hierzu noch eine Gesprächsstrategie mit auf deinen Erfolgsweg geben, die dir Freude machen wird.

Es ist die EHN©-Strategie,

die ich bereits Anfang der 90er Jahre des letzten Jahrhunderts entwickelt habe. Es ist eine Strategie, die du sehr leicht mit dem kontrollierten Dialog koppeln kannst. Die Bedeutung der Buchstaben EHN erkennst du direkt.

Meine EHN©-Strategie eignet sich ausgezeichnet für die Eröffnung deiner Gespräche und Verhandlungen. Es geht dabei um das strategische **E**rfragen, **H**ineinfragen und **N**achfragen.

Erfragen:

Stelle bitte immer zuerst eine gezielte ***offene Frage***. Zum Beispiel:

„Wie wichtig ist für Sie die Wartung Ihrer Heizanlage?“
„Worauf legen Sie in der Wartung besonderen Wert?“

Hineinfragen:

Wende hierfür die ***Alternativfrage*** **oder** ***Richtungsfrage*** an. Zum Beispiel:

„Möchten Sie Ihre Heizanlage ein- oder zweimal pro Jahr warten lassen?“
„Können Sie sich vorstellen, dass eine regelmäßige Wartung mehr Sicherheit bietet?“

Nachfragen:

Setze die ***reflektierende Frage*** ein. Das vermeidet Missverständnisse und fördert einen erfolgreichen Abschluss. Zum Beispiel:

„Wenn ich Sie richtig verstanden habe, möchten Sie ....!“
„Darf ich zusammenfassen, was wir besprochen haben?

Meine dritte Gesprächsstrategie ist ein sehr wirkungsvoller Leitfaden, den ich von meinem ehemaligen Mentor Dr. Rudolf Stoll gelernt und übernommen habe:

Die 5-Punkte-Formel

eignet sich für jedes Gespräch, jede Verhandlung, Moderation, Präsentation und Rede! Hier für dich den Ablauf dieser Strategie, mit entsprechenden Formulierungen:

1. Wecke zuerst das Interesse deines Partners / deiner Zuhörer:

- Was bewegt uns, wenn wir heute ....?
- Wem verdanken wir ....?
- Warum ist es wichtig, dass wir ....?
- Wie kommt es, dass ....?

2. Sage dann, worum es geht:

- Es ist für Sie sicherlich von Bedeutung, wenn...?
- Für mich ist es wichtig, dass ....?
- Ist nicht gerade das der Punkt, den wir .....?

3. Begründe kurz und knapp mit Zahlen, Daten und Fakten

- Ich nenne Ihnen hierzu gerne ....

4. Gib Beispiele, die Aufmerksamkeit erregen:
(Entwicklung. Bisheriger Weg. Markante Punkte. Bedeutung bis heute.)

- Haben Sie die Entwicklung .... verfolgt?
- Denken Sie einmal daran, wie wir ....?
- Sind Ihnen die Folgen des .... noch vor Augen?

5. Aufforderung zum Handeln / zur Tat:
Auffordernden Schluss-Satz oder Zitat, besinnlich oder humorvoll:

- Ich fordere Sie auf, ……
- Lassen Sie uns jetzt starten, damit ……
- Ich bitte Sie ……..!

Tipps!

Keine langen Sätze!
Aussagen meist in Frageform!

Zusammenfassung für dein richtiges Verhalten in deiner erfolgreichen Gesprächsführung:

Regeln für das SPRECHEN

1. **Sprich offen und direkt!**
   Sage offen, was dich bewegt. Vermeide Vorwürfe und schildere einfach, warum du dich wohl oder unwohl fühlst

2. **Sprich per "ICH"!**
   Sprich' per ICH ist die beste Voraussetzung für ein gutes, erfolgsorientiertes + konstruktives Gespräch.
   "Du-, man-, aber- und Wir-Sätze" beinhalten oft unbewusste Rechtfertigungen und Angriffe. Gegenreaktionen sind die Folge.

3. **Bleibe im HIER + JETZT. Keine Konjunktivsprache!**
   Dein Partner versteht besser, was du meinst. Konjunktive (sollten, könnten, würden, müssten) und Verallgemeinerungen (nie, immer, eigentlich) lösen oft Gegenbeispiele aus, die selten zu Lösungen beitragen. Bleibe beim Thema! Alte Probleme aufzuwärmen, führt meist zu neuen Auseinandersetzungen.

4. **Sprich konkretes Verhalten an!**
   Sätze wie "nun sag' doch auch mal was", oder "Du solltest....." sind kommunikationshemmend.
   Besser:
   "Mich interessiert, was du denkst!"

Regeln für das REDEN

Zeige, dass du zuhörst!
Setze deine aktive Körpersprache ein *(Empathie des Verstärkens)*.

2. **Stelle offene Fragen!**
   Dein Partner muss gerne und ohne inneren Zwang antworten können.
   Negativ ist, wenn sich dein Partner gegen Unterstellungen wehren muss.

3. **Fasse zusammen! Mit dem kontrollierten Dialog!**
   Wiederhole mit deinen eigenen Worten, was dein Partner gesagt hat. So merkt er, ob alles richtig bei dir angekommen ist, und kann Missverständnisse korrigieren.

4. **Sage, wie du die Worte deines Gesprächspartners empfindest!**
   Lobe gutes Gesprächsverhalten. Wenn du mit den Äußerungen deines Partners nicht einverstanden bist, schildere, was gerade in dir vorgeht.

Stärke deine Bereitschaft zu Interaktionen!

Interaktion basiert auf dem Grundgedanken, dass die Bedeutung von sozialen Objekten, Situationen und Beziehungen im symbolisch vermittelten Prozess der Interaktion / Kommunikation hervorgebracht wird.

In der Systemtheorie von Niklas Luhmann wird unter **Interaktion die Kommunikation unter Anwesenden verstanden** (etwa im Gegensatz zur schriftlichen Kommunikation).

Die Bedeutung der Interaktion liegt vor allem in der sozialen Funktion.

Interaktion in der Psychologie und Soziologie
ist das *"aufeinander bezogene Handeln zweier oder mehrerer Personen"* oder die *"Wechselbeziehung zwischen Handlungspartnern"*.

Indem der Mensch in sozialen Situationen handelt, entwickelt er sich zum Mitglied sozialer Gruppen, (Handlungskompetenz); durch Handeln entwickelt er sich auch individuell weiter, was wiederum Konsequenzen für seine Stellung in sozialen Gefügen hat.

Jede Interaktion teilt sich hauptsächlich in zwei Bereiche:

Aufgabenorientiert:	Orientierung, Bewertung, Kontrolle
Sozio-emotional:	Entscheidung, Spannungsbewältigung, Integration

Es gibt folgende Kategorien im Interaktionsverhalten:

Antworten / Lösungsversuche	1.	Macht Vorschläge
	2.	Vermittelt Meinung
	3.	Vermittelt Information
Fragen	4.	Bittet um Orientierung
	5.	Bittet um Meinung
	6.	Bittet um Vorschläge
Sozio-emotional, positiv	7.	Zeigt Solidarität
	8.	Zeigt Spannungsreduktion
	9.	Stimmt zu
Sozio-emotional, negativ	10.	Stimmt nicht zu / widerspricht
	11.	Zeigt Anspannung
	12.	Zeigt sich feindselig / antagonistisch

Bedeutung von Interaktionsspielen

Interaktionsspiele unterstützen das Prinzip des Living Learning (N. Liberman), das du in deine berufliche Praxis und in dein soziales Umfeld übertragen kannst.

Meine sorgfältige Auswahl + ausführliche Darstellung der Interaktionsspiele bietet auch dir als Unerfahrenen ein sicheres Experimentieren. Das verbessert deine soziale Kompetenz.

Interaktionsspiele sind für jeden gedacht, der seine Kommunikations- und Kooperationsfähigkeiten im Umgang mit anderen, und damit die Qualität des Gruppenprozesses verbessern will.

Interaktionsspiele sind im Wesentlichen folgenden psychologischen Bereichen zugeordnet, die im Miteinander und Füreinander eine wesentliche Rolle spielen (nach K.Vopel):

- **Akzeptanz und Angst-Abbau**
- **Wahrnehmen und Kommunizieren**
- **Aktivierung bei Müdigkeit und Unlust**
- **Entwicklung von Vertrauen und Offenheit**
- **Beziehungsklärung und Feedback**
- **Umgang mit Einfluss, Macht und Konkurrenz**
- **Konsensus und Kooperation**
- **Personal Growth (Persönlichkeitsentfaltung)**

Die bewährten, und von mir in vielen Seminaren und Trainings vielfach erprobten Interaktionsspiele bieten ein erfahrungsbezogenes Lernen und Trainieren, so dass du deine emotionale und intellektuelle Energie auf einen Erlebnisbrennpunkt konzentrieren kannst.

Und hierbei sind einzig und allein persönliche Reaktionen wichtig und entscheidend.

Durch die inhaltlichen und zeitlichen Vorgaben strukturierter Lernsituationen führen die Interaktionsspiele kaum zu einer inneren Belastung.

Wichtige Prinzipien für die Arbeit mit Interaktionsspielen:

- Kein Teilnehmer wird zu etwas gezwungen.
- Vermeide Psychologisierungen.
- Wenn ein Teilnehmer Betroffenheit zeigt, drücke dein Verständnis aus.
- Verhindere allgemeine Tröstungsaktionen von Gruppenmitgliedern.
- Nenne vorher oder danach immer das Ziel des Interaktionsspiels.
- Lasse genug Zeit für die Auswertungsphase.

Interaktionsspiele sind für jeden Teilnehmer eine wichtige Bereicherung!

Auf den folgenden Seiten findest du

Interaktionsspiele, die Spaß machen!

Ich habe drei Spiele für dich ausgesucht, die du mit deiner Familie, deinen Freunden, als Ehrenamtlicher in der Jugendarbeit oder im Vereinsleben spielen kannst!

Du wirst staunen, wie positiv sich diese Spiele gruppendynamisch auswirken!

1. Interaktionsspiel:
„Der Mensch in der Mitte!“

Ziele:
Dieses Spiel eignet sich u. a. auch für verhaltene, introvertierte und gestresste Gruppenmitglieder.

Es bietet eine gute Anwärm- und Lockerungsatmosphäre, fordert und fördert Kreativität.

Gruppengröße:
fünf bis zehn Teilnehmer

Zeit:
ca. 20 Minuten.

Spielmaterial:
Genügend Raum, damit alle Teilnehmer sich im Aktionskreis entfalten können.

Spielanleitung:

- Ich möchte euch Gelegenheit geben locker zu werden. Bitte stellt euch im Kreis auf.

- Gibt es einen Freiwilligen, der uns helfen will, in Schwung zu kommen?

- Zum Freiwilligen: Bitte stell dich in die Mitte unserer Gruppe. Du wirst dich gleich vervielfältigen.

- Solange du der **MENSCH IN DER MITTE** bist, wird dich jeder im Kreis imitieren. Alle deine Bewegungen, deine Worte oder Töne werden von uns kopiert.

- Du hast jetzt drei Minuten Zeit um magische Gewalt über uns auszuüben. Also, los geht's!

Auswertungsgesichtspunkte:
Durch Beobachtung lernen wir das **‚Spiegeln'** eines Menschen. Frage jeden Teilnehmer: „Wie fühlst du dich jetzt?"

Erfahrungen:
In der Regel bewegt sich der MENSCH IN DER MITTE so, wie er es normalerweise lustig oder albern findet.

Da ihn jedoch jeder imitiert, fühlt er sich zunehmend freier und besser. Er kann springen, mit den Armen wedeln, Leute berühren, sie umarmen, Geräusche machen, sich hinlegen, u. a. m.

Die Gruppe wird seinen Bewegungen mit immer mehr Spaß folgen. Alles was der MENSCH IN DER MITTE tut, ist okay.

Der Teilnehmer lernt schnell, dass es keinen Standard und keine Vorschriften gibt. Auch wenn er gehemmt dasteht, seinen Kopf kratzt und sagt: „Ich weiß nicht, was ich tun soll" werden alle eben das imitieren.

Der MENSCH IN DER MITTE bekommt mehr und mehr ein starkes Gefühl für das Ich bin o.k. – Du bist o.k.

Das Resultat ist immer, dass sich die Teilnehmer, die den Kreis bilden, besser und lockerer fühlen, und offener im Umgang miteinander werden.

Alle Teilnehmer werden bei kommenden Gruppenarbeiten eher bereit sein Risiken einzugehen.

2. Interaktionsspiel:
„Botschaften im Ich und DU“

Ziele:
Fehlende Kommunikation ist die häufigste Ursache für die eigenen Probleme, Sorgen, Schwierigkeiten, Ziele und Wünsche.

Die häufig vorkommende Gefahr für eine authentische Begegnung ist die Verleugnung.

Dabei kann ich das eigene ICH, das DU des Partners oder die Situation verleugnen. Wenn ich mein eigenes ICH ignoriere, das DU des anderen nicht ernst nehme, oder die Realität der Situation bestreite, kann ich dem Anderen nicht begegnen.

Mit diesem Spiel lernst du Verleugnungsprozessen vorzubeugen, beispielsweise:

- **Das eigene ICH**,
  wenn ich meinen eigenen Gefühlen misstraue, sie nicht ausdrücke, und stattdessen einen sozial erwünschten Spruch sage.
  Ich sage dann: *„Ich finde Dich nett.“*, wenn ich in Wirklichkeit gerade wütend auf ihn bin.

- **Das DU des Partners**,
  wenn ich ihn bevormunde, in dem ich ihn interpretiere. Ich sage dann: „Du verstehst mich nicht.“, statt: *„Ich fühle mich von Dir nicht verstanden.“*

- **Die SITUATION**
  in der ich bin, wenn ich in die Vergangenheit oder Zukunft ausweiche. Ich sage dann: „Du machst Dich immer über mich lustig.“, statt: *„Ich ärgere mich jetzt gewaltig, dass Du über mich lachst.“*

Gruppengröße:
Max. 12 Personen.

Zeit:
Pro Teilnehmer ca. 5 - 7 Minuten.
Danach ca. 30 Minuten für die Auswertung im Plenum.

Spielmaterial:
Eine Augenbinde.
Genügend Raum mit der erforderlichen Anzahl von Stühlen, die im Kreis stehen, wobei ein Stuhl in der Mitte des Kreises steht.

Spielanleitung:
Dieses Spiel bietet jedem von euch die Möglichkeit emotionale Wirkungen und Reaktionen von Ich- und Du-Botschaften kennen zu lernen.

Jedem einzelnen von euch vermittelt dieses Spiel ein höheres Maß an Selbstakzeptanz, indem ihr euch die intellektuellen und emotionalen Ressourcen bewusster vor Augen führt.

Setzt euch bitte in den Kreis. Der erste Gruppenteilnehmer sitzt in der Mitte des Kreises, und hat die Augenbinde auf, und schweigt so lange, bis er wieder im Kreis sitzt.

Jedes Gruppenmitglied gibt dem Teilnehmer in der Mitte ausschließlich eine ICH-Botschaft. Es darf nur ein Satz sein, mit den hier zur Auswahl stehenden Satzanfängen:

- **Ich denke …**
- **Ich wünsche …**
- **Ich fühle …**
- **Ich spüre …**
- **Ich meine …**
- **Ich will….**

Danach folgt die nächste Runde, ausschließlich mit einer DU-Botschaft. Es darf nur ein Satz sein, mit den hier zur Auswahl stehenden Satzanfängen:

- **Du solltest …**
- **Du musst …**
- **Du hast …**
- **Du bist …**
- **Du kannst …**

Danach kommt der nächste Teilnehmer an die Reihe, bis jedes Gruppenmitglied ICH- und DU-Botschaften erhalten hat.

Auswertungsgesichtspunkte:

- Wie habe ich mich gefühlt?
- Welche ICH-Botschaft hat mich emotional stark berührt?
- Welche DU-Botschaft ging mir emotional stark unter die Haut?
- Was ist mir in der Anwendung von ICH- und DU-Botschaften bewusst geworden?
- Was habe ich gelernt?
- Was will ich schnellstens ändern?

Erfahrungen:
Ein spannendes Spiel, das sich besonders durch Selbst- und Fremdwahrnehmung auszeichnet.

3. Interaktionsspiel:

Das NASA-Spiel

Ein Spiel, in dem der Einzelne oder die Gruppe gewinnen kann.

Gruppengröße:
mindestens sechs Teilnehmer, so dass nach der Einzelarbeit mindestens zwei Gruppen gebildet werden können.

Du liest diese Geschichte allen Teilnehmern vor:
„Dein Weltraumschiff hat auf dem Mond gerade eine Bruchlandung gebaut. Eigentlich solltest du das Mutterschiff treffen, das sich 200 Meilen entfernt auf der hellen (der Sonne zugewandten) Seite des Mondes befindet.

15 Gegenstände sind heil geblieben. Du musst jetzt die Ausrüstungsgegenstände auswählen, die für die Überwindung der 200 Meilen bis zum Standort des Mutterschiffes am wichtigsten sind."

Deine Aufgabe:
Verteile an jeden das folgende Arbeitsblatt.

Arbeitsblatt zum NASA-Weltraumspiel

AF* = Abweichungsfaktor

Ausrüstungsgegenstände	Einzellösung		Lösung	Gruppenlösung	
	Rangfolge	AF*		AF*	Rangfolge
Streichhölzer					
Lebensmittelkonzentrat					
Fünfzig Fuß Nylonseil					
Fallschirmseide					
Tragbares Heizgerät					
Zwei 0,45 Kal. Pistolen					
Trockenmilch					
Zwei Tanks Sauerstoff					
Stellar Mond-Atlas					
Sich selbst aufblasendes Lebensrettungsfloß					
Magnetkompass					
Fünf Gallonen Wasser					
Signalleuchtkugeln					
Erste-Hilfe-Koffer mit Injektionsnadeln					
Mit Sonnenenergie angetriebener UKW-Sender					

1. Schaue dir die 15 Gegenstände auf der Seite genau an.

2. Stelle deine **persönliche Rangskala** der Ausrüstungsgegenstände auf.
   (1 = sehr wichtig / 15 am Unwichtigsten)

3. Hierfür hast du maximal 15 Minuten Zeit.

4. Anschließend setzt du dich mit deiner Arbeitsgruppe zusammen. Gemeinsam erstellt ihr eine Rangskala dieser Ausrüstungsgegenstände in eurem Arbeitsteam.

5. Hierfür habt ihr maximal 45 Minuten Zeit.

Zwei wichtige Hinweise:

1. Die Meinung jedes Teammitgliedes muss berücksichtigt werden.

2. Die jeweilige Rangentscheidung muss **einstimmig** erfolgen.

Auswertung
Im Anhang findest du die richtige Lösung, die du nach Festlegung der Rangskala durch die Gruppe allen Teilnehmern nennst.

Jetzt addiere die Abweichungsfaktoren (AF) der Einzel- und Gruppenrangskala.

Überprüfe, ob die **schlechteste Gruppenlösung besser ist, als die beste Einzellösung**, oder **ob es eine bessere Einzellösung gibt?**

Keine Angst vor Konflikten!

So banal es klingen mag: Konflikte gehören zum Leben, und sind oft ‚das Salz in der Suppe'!

> ***Zu viele Konflikte belasten nachhaltig unseren Alltag.***
>
> ***Zu wenige Konflikte bedeuten Leere und Stillstand.***

Eines eint jedoch alle Konflikte: Sie beginnen sich aufzulösen, wenn du eine Entscheidung triffst. Und nach einer getroffenen Entscheidung verschwindet kein Konflikt, sondern verlangt möglicherweise Folgeentscheidungen.

Viele Menschen verharren unbewusst in belastenden Konfliktsituationen und sorgen unter Umständen ungewollt dafür, dass andere das Problem für sie lösen, mit dessen Ergebnis sie sich dann zwangsläufig arrangieren müssen. Sie reagieren, statt zu agieren.

Konflikte haben neben der positiven Eigenschaft, dass sie Veränderungen auslösen, auch die unangenehme Eigenart, dass sie lange vor sich hin glimmen können.

Was ist ein Konflikt?

In der Psychologie wird allgemein davon ausgegangen, dass man von einem Konflikt spricht, wenn mindestens zwei verschiedene Verhaltenstendenzen gleichzeitig in uns bestehen bzw. ausgelöst werden.

Je komplexer uns ein solcher Konflikt erscheint und je weit reichender die persönlichen Konsequenzen bei einer notwendigen Entscheidung für oder gegen bestimmte wahrgenommene Verhaltenstendenzen sind, um so schwerer fällt es uns, gelassen zwischen der Vielzahl möglicher Alternativen zu wählen und die einzelnen Lösungsschritte zu durchdenken.

Lohnt es sich wirklich einen anstehenden Konflikt zu lösen? Die Varianten des Umgangs mit problematischen Situationen sind so vielfältig wie die individuellen Strategien, auf die wir dann erfahrungsgemäß zurückgreifen. Sie reichen von Vermeidung bis zur Konfrontation.

Der heimliche Sprengstoff von Rollenkonflikten.
Handelt es sich bei der von dir wahrgenommenen Problematik ausschließlich um ein ganz persönliches Problem, das nur du allein durch eine Entscheidung verändern willst oder musst?

Oder bist du Teil eines Konflikts, zu dem mindestens noch ein anderer Mensch gehört?

Das Konfliktpotential ist groß, wenn sich Rollen zwischen zwei oder mehreren Personen nicht mehr ergänzen und du damit zum Teil eines Konflikts wirst, weil sich die gemeinsamen Interessen, Aufgaben und Ziele aus oben genannten Gründen verändert haben.

Deshalb führen verschiedene Entwicklungsabschnitte notwendigerweise zu Konflikten, um einen Prozess des Neuaushandelns dieser Erwartungen in Gang zu setzen – oft ein sehr normaler und alltäglicher Vorgang, bei dem wir die positiven Aspekte von Konflikten nutzen.

Die Ursachen und Arten von Konflikten!

Die Konfliktsituation umfasst eine Person, zwei Konfliktpartner oder mehrere Konfliktparteien, und mindestens eine Konfliktursache. Eine Konfliktsituation ist möglich:

innerhalb und zwischen Personen (interpersonell)

innerhalb und zwischen Gruppen, Unternehmen, Organisationen

innerhalb und zwischen Gesellschaften und Staaten, und nicht zuletzt,

zwischen einzelnen Personen und diesen Zusammenschlüssen.

Eine wichtige Art von Konflikten sind die psychologischen Konflikte. Eine Art dieser Konflikte stellt zum Beispiel die Tyrannei der DU-Botschaften dar. Dabei werden Anforderungen an sich selbst gestellt, unter deren Erfüllung wir auf Dauer leiden.

Bei zwischenmenschlichen oder Gruppenkonflikten kann nach dem Grad der jeweiligen "Konflikttiefe" unterschieden werden, zum Beispiel:

Verteilungskonflikte
Empfundene Gegensätze in Bezug auf Nutzung / Realisierung von Ressourcen.

Zielkonflikte
Empfundene Gegensätze in Bezug auf Interessen.

Beziehungskonflikte
Empfundene Gegensätze in Bezug auf Verhaltensdispositionen.

Identitätsbasierende Konflikte
Empfundene Bedrohungen des eigenen Selbstbildes oder dessen, was jemanden als Person ausmacht.

Bei Systemen (z.B. Familien, Gruppen, Politik, Organisationen, Gesellschaften, Staaten) wurde auch diagnostisch unterschieden zwischen Rollenkonflikten, Machtkonflikten und Informationskonflikten.

Ursachen von Konflikten
Die Ursachen von zwischenmenschlichen Konflikten in Organisationen liegen in individuellen Wahrnehmungsunterschieden. Je nach individueller Vorgeschichte, Kenntnisstand, Erfahrungen, Laune und Charakter wird eine Situation unterschiedlich wahrgenommen.
Wenn die Mittel zur Erreichung der jeweiligen Ziele von zwei oder mehr Parteien benötigt werden, wird die Einschränkung der Verfügung durch andere zum Konflikt führen.

Zergliederung der Organisation
Die Zergliederung der Organisation durch Abteilungsnamen, Verantwortlichkeiten, Weisungsbefugnissen usw. trennt die Mitglieder der Organisation. Allein diese Trennung kann zu Konflikten führen, da in einer Stellvertreterfunktion die Interessen dieser organisatorischen Einheit gegenüber anderen vertreten werden.

Voneinander abhängige Arbeitsumwelt
Wenn die Ausführung einer Arbeitstätigkeit von der vorherigen Arbeit eines Anderen abhängt.

Rollenkonflikte
Eine Person übernimmt verschiedene Rollen, deren Ausübung mit den Rollen Anderer in Konflikt treten kann, beispielsweise beurteilt ein Qualitätsmitarbeiter die Arbeit eines Anderen.

Unfaire Behandlung
Mögliche Gründe, Geschlecht, Sprache, Aussehen, Alter, Gesundheit, Rasse, Religion, Herkunft, Abstammung können zu Konflikten führen. Dabei ist es wesentlich zu erkennen, dass Fairness und Gleichheit nicht austauschbar sind. Ein Gehbehinderter kann nicht gleich wie ein Nichtbehinderter behandelt werden, jedoch gleich fair.

Verletzung des Territoriums
Jede wahrgenommene Verletzung von tatsächlichem oder ideellem Territorium wird als Konflikt wahrgenommen. Wenn also eine Person in den persönlichen Bereich einer anderen eindringt - zu dicht an diese herangeht, oder sich in dessen ideellen Bereich begibt ist ein Konflikt wahrscheinlich.

Veränderung der Umwelt
Abgesehen von vorgenannten Konfliktursachen führt die Veränderung der Umwelt zu Unsicherheit und Stress, welche die Wahrscheinlichkeit von Konflikten in der Organisation erhöht.

Selten ist eine Ursache allein der Grund für einen ausgetragenen Konflikt. Oft finden sich kumulative Effekte während eines Zeitraums, so dass die Analyse der Ursachen für die Konfliktlösung oder das Management des Konfliktes wesentlich sein kann.

Die Lösung eines Konflikts ist primär vom Verhalten der Beteiligten abhängig. Meist wird eine friedliche Beilegung angestrebt.

In diesem Idealfall wird ein Konflikt mit den Beteiligten besprochen und im **Konsens** beigelegt.

Häufig ist ein solcher Weg im persönlichen Bereich schwer zu unterscheiden von Vermeidungsstrategien aus Angst-, Scham-Schuld- oder Minderwertigkeitsgefühlen gegenüber einer offenen Auseinandersetzung mit dem Konfliktthema oder dem Konfliktpartner. Tabus können dabei ebenfalls im Spiel sein.

Die Grenzen zu einer Scheinbeilegung durch **Verdrängung** sind dann fließend. Ein "reinigendes Gewitter" ist demgegenüber meist viel konstruktiver.

Da Konflikte ihre Ursache in einem Widerspruch haben, wird häufig der Stärkere versuchen, den Widerspruch zugunsten seiner eigenen Sichtweise aufzulösen. Dies kann den Konflikt jedoch nicht beheben, weil der Schwächere mit der scheinbaren Lösung einem erneuten Konflikt ausgesetzt wird.

Entscheidend für den angemessenen Umgang mit einer Konfliktsituation ist die Frage, ob nach der Klärung eine konstruktive Fortsetzung des Kontakts mit dem Anderen erwünscht ist, oder nicht.
Es hat keinen Sinn, in eine kooperative Konfliktklärung zu investieren (vielleicht nur, um "Recht" oder "nicht Unrecht" zu behalten), wenn an der dadurch ermöglichten Kontaktfortsetzung kein Interesse besteht.

Gleiches gilt (da immer Zwei dazugehören), wenn der Andere durch sein Verhalten signalisiert, an einer Fortsetzung des Kontakts kein Interesse zu haben.

Da kann es meist ‚friedlicher' für alle Beteiligten sein, das Fortbestehen eines Konflikts einfach zu bestätigen, zu akzeptieren und es dabei bewenden zu lassen.

Auf den folgenden Seiten kannst du dein Konfliktverhalten selbst testen.

Viel Spaß dabei.
Die Lösungen findest du im Anhang.

Teste dein Konfliktverhalten!

1. **Du kaufst im Supermarkt ein und wartest an der Kasse. Eine Kundin, die nur ein Pfund Butter in ihrem Korb hat, stellt sich nicht hinten an, sondern drängt sich an der Kasse vor.**

   Was sagst du?

   a) *Sie haben nur ein Pfund Butter. Sie können also ruhig vor mir an die Kasse.*
   b) *Wenn Sie das Ende der Schlange suchen, das ist weiter hinten.*
   c) *Sie müssen sich hinten anstellen. Ich lasse zwar manchmal jemanden vor, aber heute habe ich es selbst eilig.*

2. **Du hast im Schreibwarengeschäft eine Kleinigkeit gekauft und mit einem 2-Euro-Stück bezahlt. Die Kassiererin gibt dir jedoch nur auf einen Euro heraus. Du machst sie darauf aufmerksam. Sie behauptet jedoch: "Sie haben mir wirklich nur einen Euro gegeben.**

   Was sagst du?

   a) *Sie irren sich. Ich weiß genau, dass ich nur noch ein Zweieurostück hatte. Es wird wohl nichts anderes übrig bleiben, als dass Sie die Kasse aufnehmen.*

b) *Das stimmt nicht. Sie wollen sich wohl ein paar Euro nebenbei verdienen. Ich will mein Geld zurück.*

c) *Ich kann mich auch geirrt haben. Wenn Sie bei der Abrechnung die zwei Euro finden, geben Sie mir diese beim nächsten Mal bitte wieder zurück.*

3. Du sitzt in einer Straßenbahn. Weiter vorne sind noch einige Plätze frei. Eine ältere Dame steigt ein und fordert eine Gruppe Jugendlicher auf, ihr einen Platz freizumachen. Die Jugendlichen ignorieren jedoch die Dame, die sich dann dir zuwendet: "Die heutige Jugend kann sich nicht mal bequemen, einer Dame Platz zu machen.

Was sagst du?

a) *Sie haben Recht. Die Jugend hat keinen Anstand mehr.*

b) *Das ist wirklich unverschämt. Kann denn keiner von Euch aufstehen?*

c) *Weiter vorne sind noch Sitzplätze frei. Es besteht kein Grund, dass jemand aufstehen muss.*

4. Du hast einen Verkehrsunfall mit unerheblichem Sachschaden verursacht. Der Fahrer des anderen Wagens kommt auf dich zu und schimpft: "Können Sie denn nicht aufpassen! Ich habe einen ganz neuen Wagen. Sie werden mir alles ersetzen.

Was sagst du?

a) *Natürlich werde ich Ihnen den Schaden ersetzen. Sehen Sie jedoch ein, dass ich Ihnen nicht aus reiner Freude drauf gefahren bin.*

b) *Meine Versicherung wird für den Schaden aufkommen. Ich gebe Ihnen meine Adresse und denke, dass wir uns dann sachlich einigen werden.*
c) *Werden Sie nicht ausfallend, es war keine Absicht. Mir entstehen auch Kosten. Das werden unsere Versicherungen entscheiden.*

5. Du arbeitest in einer Spedition. Von deinem Vorgesetzten wirst du in sein Büro gebeten: "Bitte leeren Sie meinen Papierkorb aus. Meine Sekretärin und unsere Putzfrau sind heute beide nicht da.

Was sagst du?

a) Ich werde Ihnen ausnahmsweise den Gefallen tun. Es gehört jedoch nicht zu meinen Aufgaben Papierkörbe zu leeren.
b) Da müssen Sie sich einen anderen Dummen suchen. Ich bin für solche Nebenarbeiten nicht zuständig.
c) Auf die Putzfrauen ist auch kein Verlass mehr. Geben Sie mir Ihren Papierkorb, ich leere ihn aus.

6. Dein Vorsetzter lässt dich in sein Büro rufen: "Sie haben bei Ihrer Spesenabrechnung 10,-- Euro zuviel aufgeschrieben. Sie wollten wohl ausprobieren, ob das ohne Kontrolle durchgeht, und sich so Ihr Spesenkonto auffüllen, was?

Was sagst du?

a) Das ist nicht der Fall. Wahrscheinlich habe ich mich verrechnet.
b) Ich bin nun lange genug in der Firma, und Sie sollten mich genug kennen, um zu wissen,

dass es sich nur um ein Versehen handeln kann.

c) Das ist eine Unterstellung, die nicht zutrifft. Ein Rechenfehler kann schließlich jedem einmal unterlaufen.

7. Dein Chef sagt zu dir kurz vor Feierabend: "Sie müssen heute Überstunden machen. Ich gebe Ihnen hier zwei Fälle, die unbedingt heute noch erledigt werden müssen.

Was sagst du?

a) *Das kommt mir zwar ungelegen, aber ich werde diese Fälle noch erledigen..*

b) Das ist heute nicht möglich, weil ich noch etwas vorhabe. Bitte sagen Sie mir künftig früher Bescheid.

c) Von Überstunden steht nichts in meinem Vertrag. Ich kann heute Abend nicht länger bleiben. Wenn das so wichtig ist, hätten Sie mir das direkt nach der Mittagspause sagen können.

8. Du kommst spät von deinem Büro nach Hause. Dein Frau teilt dir mit: "Ich habe Meyers für 20.00 Uhr eingeladen.“

Was sagst du?

a) *Du hättest mich im Büro anrufen und fragen sollen. Aber meinetwegen sollen sie heute Abend kommen.*

b) Natürlich können wir jetzt nicht mehr absagen. Aber erfreut bin ich nicht gerade.
Lass' uns so etwas in Zukunft vorher gemeinsam besprechen.

c) *Du kannst doch nicht einfach Leute einladen, ohne mir rechtzeitig Bescheid zu sagen. Ich freue mich schon den ganzen Tag auf meinen Feierabend. Du rufst jetzt Meyers an und sagst ihnen ab.*

9. **Du hast deiner Tochter verboten, heute Abend ins Kino zu gehen. Jetzt umschmeichelt sie deine Frau, die ihr schließlich den Kinobesuch erlaubt und zu dir sagt: "Lasse ihr doch das Vergnügen.“**

Was sagst du?

a) *Ich habe nichts gegen Kinobesuche, jedoch hat sie morgen früh einen anstrengenden Tag in der Schule. Außerdem finde ich es nicht gut, wenn wir uns nicht einig darüber sind, was wir ihr erlauben und was nicht.*

b) *Du hast recht, warum soll sie eigentlich nicht ins Kino gehen.*

c) *Deine Erziehungsmethoden sind unmöglich. Du kannst doch nicht etwas erlauben, was ich verboten habe.*

10. **Deine Frau ruft dich an und sagt: "Ich werde heute Abend etwa drei Stunden später nach Hause kommen, weil ich um sechs Uhr noch einen Termin habe. Was sagst du?**

a) *Heute schon wieder! Wir hatten uns doch etwas anderes vorgenommen. Du kannst nicht kurz vor Büroschluss anrufen und sagen, dass du drei Stunden später nach hause kommst. Das geht wirklich nicht.*

b) *Das ist aber schade. Ich wollte heute pünktlich*

nach hause kommen. Dann bleibe ich eben etwas länger im Büro.

c) *Wenn es wirklich so wichtig ist, habe ich Verständnis dafür. Ich wäre dir nur dankbar, wenn du mir demnächst etwas früher Bescheid sagen würdest.*

11. Deine Nachbarin klingelt morgens an deiner Tür. Sie hat ihren kleinen Sohn Thomas an der Hand, auf den du manchmal aufgepasst hast. Sie sagt zu dir: "Ich muss zum Zahnarzt und möchte Thomas nicht allein in der Wohnung lassen. Sie können doch sicher wieder auf ihn aufpassen.“ Das kommt dir sehr ungelegen, weil du dich mit deinem Freund verabredet hast.

Was sagst du?

a) *Das geht leider nicht, weil ich mit meinem Freund verabredet bin. Sie hätten mir vorher Bescheid geben sollen, dann hätte ich einen anderen Termin ausgemacht.*

b) *Selbstverständlich passe ich auf ihn auf. Ich wollte zwar zu meinem Freund, doch da kann ch auch noch später hin.*

c) *Nein, so plötzlich geht das wirklich nicht. Mein Freund erwartet mich in einer Stunde.*

12. Du hast im Garten des 3-Familien-Hauses, in dem du wohnst, gerade Wäsche aufgehängt. Kurz darauf klingelt deine Nachbarin und sagt: "Ich möchte mich heute Mittag im Garten sonnen. Sie müssen Ihre Wäsche wieder abnehmen, weil sie mich stört."

Was sagst du?

a) *Ich konnte nicht wissen, dass Sie sich heute Mittag in den Garten legen wollten. Ich nehme die Wäsche nach 12 Uhr wieder ab.*
b) *Warum haben Sie das nicht vorhin gesagt, als Sie auf dem Balkon waren. Im Übrigen ist noch genügend Platz im Garten.*
c) *Die Wäscheleine ist für die Allgemeinheit bestimmt. Sonnen Sie sich doch auf Ihrem Balkon.*

13. In deinem Haus mit sechs Mietparteien soll ein Putzplan für die Kellerräume festgelegt werden. Während du als Mann diesen Plan unterstützt, ist dein Nachbar dagegen und fragt dich etwas gereizt nach deiner Meinung.

Was sagst du?

a) *Vielleicht haben Sie Recht. Lassen Sie uns noch einmal überlegen, ob der Putzplan wirklich nötig ist.*
b) *Ich bin der Meinung, dass dieser Plan nötig ist, damit die ständigen Auseinandersetzungen künftig vermieden werden.*
c) *Ich bin auf jeden Fall für diesen Plan. Wenn Sie dagegen sind, könnte man ja meinen, Ihre Frau will sich vor dem Putzen drücken.*

14. Du hattest eine Familienfeier mit vielen Gästen, die nicht gerade leise verlief. Am nächsten Morgen läutet dein Nachbar: "Sie haben gestern so viel Krach gemacht, dass wir nicht einschlafen konnten.“

Was sagst du?
a) *Man wird ja wohl noch ein kleines Fest feiern dürfen, und ein bisschen Lärm ist eben nicht zu*

vermeiden. Ich kann schließlich meine Gäste nicht bitten zu flüstern.

b) *Wenn wir wieder eine Feier haben, werden wir unsere Gäste früher nach Hause schicken, damit Sie nicht mehr gestört werden.*

c) *Es tut mir sehr leid, dass wir Sie so gestört haben. Wenn wir wieder feiern, sage ich Ihnen ein paar Tage vorher Bescheid, damit Sie sich darauf ein stellen können, denn ohne etwas Lärm wird es nie abgehen.*

Trage zu diesen vierzehn Verhaltensstudien jeweils deine a-, b- oder c-Antworten ein. Die psychologisch richtigen Antworten findest du im Anhang.

1	=		**8**	=	
2	=		**9**	=	
3	=		**10**	=	
4	=		**11**	=	
5	=		**12**	=	
6	=		**13**	=	
7	=		**14**	=	

Die Quelle dieses Testes kann ich leider nicht nennen. Ich erhielt ihn vor Jahren, und ich würde mich freuen, den Entwickler dieses hervorragenden Testes persönlich kennen lernen zu dürfen.

Praxis einer lösungsorientierten Konfliktsteuerung

Im Rahmen meiner empirischen Forschung zum Konfliktverhalten können wir uns auf drei Konfliktarten einigen, wobei der Individual-Konflikt an erster Stelle steht:

1. Der Individual-Konflikt (Selbstkonflikt).

Dahinter stecken folgende psychologische Ursachen, die ausschließlich mit mir selbst in einem Zusammenhang stehen. Zum Beispiel:

- Ich habe keine klaren Ziele
- Meine Arbeitstechnik ist mangelhaft
- Mein Zeitmanagement ist verbesserungsbedürftig
- Ich bin zu oberflächlich
- Meine persönlichen Fähigkeiten zeigen Lücken

2. Der personelle Fremdkonflikt (zwischen zwei und mehreren Personen)

Dahinter stecken folgende psychologische Ursachen, die im Zusammenhang mit einer anderen Person oder mehreren Personen stehen. Zum Beispiel:

- Ich bin neidisch auf andere
- Ich bin misstrauisch gegenüber anderen
- Ich empfinde Minderwertigkeitskomplexe gegenüber anderen
- Ich hege Antipathien gegenüber anderen
- Ich habe Hassgefühle gegenüber bestimmten Personen

3. Der Sachkonflikt (Organisations- und / oder unternehmensbedingt)

- Bereichsübergreifende Checklisten fehlen
- Es fehlende notwendige Standardisierungen
- Es gibt keine strategischen Planungen
- Es existiert keine Betriebsordnung
- Keine Informationen zu Unternehmenszielen

Auf der folgenden Seite zeige ich dir die entsprechende Grafik, die dir hilft, Konflikte schnell zu durchschauen, um entsprechende Lösungsmöglichkeiten zu entdecken, die du in den darauf folgenden Fallstudien praktisch umsetzen kannst.

Konfliktarten	**Konflikt-Dimensionen**	**Psychologische Ursachen, u.a.**
Individual-Konflikt Selbstkonflikt	Soziale und intellektuelle Dimension	• mangelnde Arbeitstechnik • geringes Wissen • zu emotional • psychologisch angeschlagen
Personeller Fremdkonflikt Zwischen zwei und mehreren Personen	Soziale und emotionale Dimension	• Antipathie • Neid • Misstrauen • Minderwertigkeitskomplex
Sachkonflikt (organisations- oder unternehmensbedingt)	Wertschöpfende und kulturelle Dimension	• Fehlende Standardisierung • Keine Unternehmenskultur • Keine Betriebsordnung

Zwei berufliche Praxisfallstudien für die lösungsorientierte Konfliktsteuerung:

„Die angebliche Krankheit!“

Mitarbeiterin Susanne Hausmann beantragt am Dienstag überraschend einen Urlaubstag für Freitag, weil an diesem Tag Handwerker in ihrem Haus tätig sind.
Abteilungsleiter, Franz Willig, lehnt ab.

Freitagmorgen erfährt dein Abteilungsleiter, dass Frau Hausmann krank ist.

Diese legt am Montag eine ärztliche Arbeitsunfähigkeitsbescheinigung vor. Herr Willig glaubt nicht an die Krankheit und kritisiert Frau Hausmann scharf. Es kommt zu einer heftigen Auseinandersetzung.

Als disziplinarischer Vorgesetzter musst du diesen Streitfall schlichten.

Wie gehst du vor?
Du stellst dir zunächst folgende zwei Fragen, und notierst dir dic möglichen Ursachen:

1.	Welche Konfliktart liegt vor?	**Personeller Fremdkonflikt**
2.	Welche psychologischen Ursachen könnten zutreffen?	**Misstrauen, Neid oder Antipathie**

Diesen Weg zu einer lösungsorientierten Konfliktsteuerung könntest du dir vornehmen:

- Du lässt dir von jedem sein Gefühl und seinen Eindruck schildern.
- Du sprichst deine Vermutung offen aus. Zum Beispiel ‚Misstrauen', sprachlich besser: ‚mangelndes Vertrauen zueinander'.
- Mit einer Zeitvorgabe lässt du beide alleine, damit sie gemeinsam darüber diskutieren, wie sie in ähnlichen Fällen miteinander umgehen wollen.
- Danach lässt du dir von beiden das Einigungsergebnis schildern.

Tipp:
Führe dieses Gespräch im kontrollierten Dialog!

„Große Klappe, nichts dahinter!"

Ihr Mitarbeiter Walter Abwickler hat ein Problem. Seine Terminplanungen geraten des Öfteren ins Wanken. Fatal ist nur, dass Herr Abwickler sein Zeitmanagement und seine Arbeitstechnik nicht in Frage stellt.

Stattdessen kompensiert er seine Schwächen mit rustikalem Auftreten, fällt anderen ins Wort, und frönt seinem Selbstmitleid. Seine Kollegen wenden sich mehr und mehr von ihm ab.

Ein ernsthaftes Gespräch mit Herrn Abwickler ist dringend erforderlich.

Wie gehst du vor?
Du stellst dir zunächst folgende zwei Fragen, und notierst dir die möglichen Ursachen:

1.	Welche Konfliktart liegt vor?	**Individual-Konflikt**
2.	Welche psychologischen Ursachen könnten zutreffen?	**Mangelnde Arbeitstechnik. Kein Zeitmanagement. Selbstmitleid.**

Diesen Weg zu einer lösungsorientierten Konfliktsteuerung könntest du dir vornehmen:

- Du schilderst sachlich und emotionsfrei deinen Eindruck ‚zur Lage'.
- Du sagst ihm offen, was du selbst empfindest, zum Beispiel, dass Herr Abwickler zu sehr ‚Ausreden' gebraucht.
- Du weist Herrn Abwickler auf mögliche Folgen und Konsequenzen hin.
- Du lässt dich auf mögliche Einwände der Arbeitsüberlastung nicht ein.
- Du bietest Herrn Abwickler Hilfe an, in dem du ihm zum Beispiel die Teilnahme an einem Seminar „Arbeitstechnik und Zeitmanagement" anbietest.

Tipp:
Führe dieses Gespräch im kontrollierten Dialog!

Was ist ein Streit?

Streit ist das offene Austragen einer Meinungsverschiedenheit zwischen zwei oder mehreren Akteuren, der nicht immer offenkundig und nicht notwendigerweise feindselig sein muss. Das Wort ‚Streit' wird meist für private Auseinandersetzungen oder Konflikte gebraucht.

Streit zersetzt und zehrt, stört und zerstört, quält und belastet. Deshalb vermeidet ihn jeder ängstlich.

Wirst du jedoch einmal in einen Streit hineingezogen, dann treibst du hilflos auf den Wogen des Streites dahin.

Gefährlich wird es, wenn du dich im Streit verlierst, und möglicherweise deine Freunde dazu.

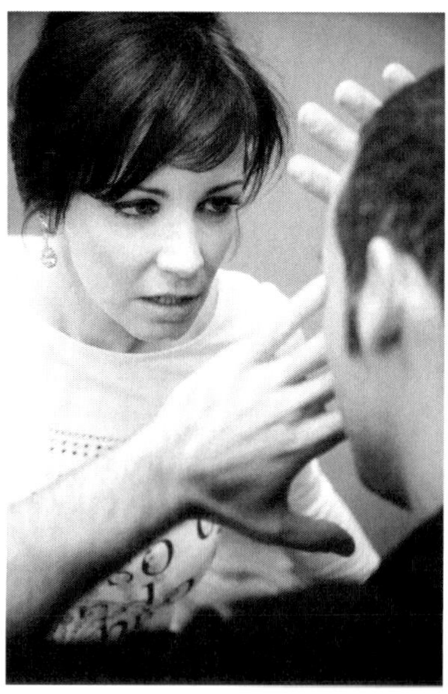

Der Streit im 6-Phasen-Plan:
Typen, die im Streit eine Rolle spielen:

1.	**Der Anlass**	ist meistens ein Missverständnis, und löst den Streit aus.
2.	**Der Vorwurf**	Ist meistens unbegründet und verletzt eine Person persönlich.
3.	**Der Rückstoß**	Geschieht unerwartet heftig und trennt die Beteiligten in zwei Parteien.
4.	**Die Steigerung**	Beginnt langsam und nimmt immer schneller zu.
5.	**Der Angriff**	Ist die erste offene feindselige Handlung zwischen den Parteien.
6.	**Das Chaos**	Wird von allen Beteiligten erreicht, wenn der Verlauf ihnen aus den Händen gleitet.

Typen, die im Streit eine Rolle spielen:

• **Der Ahnungslose**	wird durch alle Ereignisse überrumpelt, passt nicht auf und liefert meistens den Anstoß.
• **Der Aggressive**	erregt sich zuerst und reißt alle anderen mit.
• **Der Pedant**	Versucht alles genau zu machen, nimmt alles zu ernst und hält alle auf.
• **Der Gleichgültige**	ist oberflächlich und verursacht dadurch die meisten Missverständnisse und Aggressionen.
• **Der Überhebliche**	ist am meisten reizbar, hat die meisten Vorurteile und weicht keinen Schritt zurück.
• **Der Unterwürfige**	gibt jedem Recht und fordert die anderen durch seine Nachgiebigkeit heraus.

Und welche Rolle nimmst du bei einem Streit ein, wenn

... der Ober heiße Suppe über deine Kleidung verschüttet?

... du betrunken deinem Chef begegnest?

... Nachbarn über deine Partygäste klagen?

... dein Kind grobe Schimpfwörter zu einem wichtigen Gast sagt?

... du vorm Fernseher sitzt und unerwartet Besuch bekommst?

... nachts ein ehemaliger Kollege klingelt und bei dir übernachten möchte?

... dein guter Bekannter ‚hintenherum' negativ über dich spricht?

... du auf jemanden eifersüchtig bist?

Versetze dich einmal in solche möglichen Streitsituationen. Es ist ein sehr hilfreiches und geistiges ‚Probehandeln'

Zitate, die Dein Leben verändern können!

„Es ist nutzlos zu versuchen, Menschen zu helfen, die sich nicht selbst helfen. Man kann nur jemanden eine Leiter hinauf stoßen, wenn er bereit ist, selbst zu klettern.“

Andrew Carnegie

„Führen heißt, nichts anderes als die Kunst, andere Menschen zu motivieren.“

Lee Iacocca

„Gutes Management besteht darin, durchschnittlichen Leuten zu zeigen, wie man überdurchschnittlich arbeitet.“

John Davison Rockefeller

„Eine gute Führungskraft gibt jedem Teammitglied das Gefühl, es habe selbst entschieden.“

Daniel Goeudevert

„Es gibt eine sehr schöne Unterscheidung zwischen dem alten Chef-Gebahren und dem, was wir heute unter Führung verstehen. Der Unterschied, ist folgender: A boss says "Go!" - A leader says "Let's go!"“

Unbekannt

Wertvoll an einem Unternehmen sind nur die Menschen, die dafür arbeiten, und der Geist, in dem sie es tun!

Peter Zürn

Viertes Kapitel

Willst du Führungskraft werden?

Diese Frage stelle ich dir ganz bewusst. Es geht nicht darum, Vorstand oder Direktor eines Unternehmens zu werden, obwohl ich das nicht in Abrede stellen will.

Wenn du wirklich Führungskraft werden willst, meine ich auch nicht die so genannten „Fachidioten" oder verwaltende Manager, die ich zur Genüge kennen gelernt habe.

Nein, eine gute Führungskraft hat das Ziel, Mitarbeiter zu Erfolgen zu bringen. Peter F. Drucker definiert Führung so:

Durchschnittliche Mitarbeiter zu überdurchschnittlichen Leistungen bringen!

1978 lernte ich in Frankfurt/Main Herrn Wilhelm Engel kennen, der die „Königsteiner Akademie" gründete, und mit seinem Dialog-Training ebenfalls neue Maßstäbe setzte.
Von ihm erfuhr ich damals formulierte **soziale Fähigkeiten**, die ich bis heute selbst verinnerlicht habe, und dir ganz besonders ans Herz lege. Diese Fähigkeiten gelten nicht nur für jeden Menschen, sondern sollten gerade von Führungskräften beherzigt werden. Diese sozialen Fähigkeiten zähle ich ebenfalls **zur geheimen Macht in dir**:

- Mit anderen sofort, leicht und mühelos in Kontakt zu treten.
- Frei und ungehemmt mit und vor anderen zu sprechen.
- Nicht Opfer, sondern Herr seiner Stimmungen sein.
- Sich anderen unterordnen zu können, ohne sich zurückgesetzt zu fühlen.
- Spontan der jeweiligen Situation entsprechend zu reagieren.
- Andere begeistern und überzeugen können

- Andere fördern, und Freude an deren beruflicher und privater Entwicklung haben.
- Konstruktive Kritik anzunehmen und anzuerkennen.
- Anderen aktiv zuhören zu können.
- Das ICH des anderen anerkennen.
- In der Verantwortung eine Herausforderung an mich selbst zu sehen.

"Führungskräfte waren früher, und sind auch heute noch die 'sozial Stärkeren'. Deshalb kann und muss von ihnen ein noch größeres Engagement, und eine noch größere Identität mit den Mitarbeitern und dem Unternehmen erwartet und verlangt werden!"

In Zukunft wird es auch für dich als Führungskraft viel stärker auf die 'humanen Verhaltensmuster' ankommen. Das herkömmliche Rollenverhalten vieler Führungskräfte ist überholt. Viele Verhaltensmuster wirken nicht mehr! Die Gefahr nicht mehr Führer, sondern ein führender 'Fachidiot' zu sein, ist gerade in den letzten Jahren enorm gestiegen!

Der vermeintliche Führer von Menschen ist in vielen Fällen zum ‚abwicklungs-orientierten Nachvollzieher' geworden. Er hält dem neuen Denken, dem kritischeren Bewusstsein und der Nicht-Bereitschaft zur Unterordnung, gerade bei jungen Menschen, nicht mehr stand.

Die in zahlreichen Fällen zu beobachtende Lücke zwischen Wunsch, Wirklichkeit, Wort und Tat der Führungskräfte hat bei vielen Mitarbeitern zu starken Autoritätsverlusten, Frustrationen und zum Teil zu inneren Kündigungen geführt!

Der früher so gelobte 'Kampfgeist' von Vorgesetzten, hat Informationsängsten, Imageverlusten und mangelndem Selbstvertrauen Raum gegeben.

Möchtest du dich von einem solchen Menschen führen lassen? Der Mitarbeiter favorisiert heute neue Verhaltensnormen und hat andere Einstellungen. Für ihn zählen vorwiegend:

- **Offenheit**
- **Vertrauen**
- **Zuwendung**
- **Glaubwürdigkeit**
- **und Zuverlässigkeit!**

Führen ist auch für dich lernbar!

Meine Befragungen und Untersuchungen ergaben, dass Führung in der Tat lernbar ist. Wenn du bereits Führungskraft bist, oder eine Führungskraft werden willst, achte auf die folgenden acht Indikatoren, die von Mitarbeitern gefordert werden:

Auf „Kurs“ bleiben:
Führungskräfte sollten auf 'Kurs' bleiben, selbst wenn ‚Überraschungen’ und Engpässe auf sie zukommen.

Versprechen halten:
Führungskräfte müssen halten, was sie versprechen. Zwischen Sagen und Tun dürfen keine Welten liegen. Ihre Handlungen sind jederzeit nachvollziehbar.

Verlässlich sein:
Führungskräfte müssen greifbar sein, wenn sie gebraucht werden. Sie lassen den Mitarbeiter nicht im Stich. Mitarbeiter können auf ihren Vorgesetzten vertrauen und 'bauen'.

Hohe Lernbereitschaft zeigen:
Führungskräfte müssen wissen, dass ständiges Lernen nicht nur ein Lebensprozess ist, sondern vielmehr eine unabdingbare Voraussetzung für das immer erforderliche Wachsen und Werden der eigenen Persönlichkeit.

Menschen mit Respekt behandeln:
Führungskräfte sollten ihre Familie mit der gleichen Höflichkeit, der gleichen Wertschätzung und dem gleichen Respekt behandeln, den sie ihren Geschäftspartnern, Kunden oder Menschen in ihrem sozialen Umfeld entgegenbringen.

Konfliktfähig sein:
Führungskräfte müssen Konflikte und Probleme immer gegenwartsbezogen sehen und entsprechend handeln.

> ***„Der neue Führertyp im anbrechenden Zeitalter der partizipatorischen Demokratie ist ein Möglichmacher, ein Entscheidungs-Erleichterer, kein Befehlsgeber."***
>
> John Naisbitt
> amerik. Prognostiker

Überprüfe deine Schlüsselkompetenzen für Führungsaufgaben

Bewerte dich nach dem Schulnotensystem (1 = sehr gut / 5 = mangelhaft

1.	**Wissen**	**Note**
01.	Ich weiß, was eine Führungskraft auszeichnet und kann es überzeugend darstellen /erklären	
02.	Ich kenne die Entwicklung des Unternehmens	
03.	Ich kenne die Funktionen, Aufgaben, Kompetenzen und berufliche Entwicklung unserer wichtigsten Führungskräfte	
04.	Ich weiß Argumente im Vergleich zu unseren Mitbewerbern	

Gesamtpunktzahl: 4 =

2.	**Planung + Organisation**	**Note**
05.	Ich kenne meine Ziele und setze Prioritäten	
06.	Ich kann mit PC (IT) handlungsorientiert umgehen und setze diese gekonnt ein	

Gesamtpunktzahl: 2 =

3.	**Selbstmanagement und –organisation**	**Note**
07.	Ich verfüge über ein persönliches Arbeits– und Zeitmanagement, und kann dieses organisiert dokumentieren	
08.	Ich wecke bei meinen Gesprächspartnern Interesse und sammle verwertbare Informationen	
09.	Ich notiere Gesprächspunkte und Ergebnisse.	

Gesamtpunktzahl: 3 =

4.	**Beziehungsorientierte Kommunikation**	**Note**
10.	Ich wirke durch mein gepflegtes Äußeres und eine positiv-offene Ausstrahlung.	
11.	Ich stelle viele Fragen und zeige starkes Interesse	
12.	Ich höre aktiv zu	
13.	Ich pariere gekonnt persönliche Angriffe und Einwände	

Gesamtpunktzahl: 4. =

5.	**Verhandlungsorientierte Kommunikation**	**Note**
14.	Ich argumentiere logisch und überzeugend	
15.	Ich drücke mich klar und präzise aus	
16.	Ich verstehe Belange und Ziele des Gesprächspartners	

Gesamtpunktzahl: 3 =

6.	**Motivations– und Leistungsorientierung**	**Note**
17.	Ich bilde mich kontinuierlich weiter und investiere ständig in meine eigene Fortbildung	
18.	Ich sehe meine Stärken und Schwächen realistisch	
19.	Ich kommuniziere stark und zeige Ideenreichtum	

Gesamtpunktzahl: 3 =

7.	**Teamfähigkeit**	**Note**
20.	Ich denke in größeren Zusammenhängen	
21.	Ich verfüge über eine kooperative und konstruktive Kritikfähigkeit	
22.	Ich zeige ernsthaftes Interesse an der Zusammenarbeit und sehe mich nicht als Einzelkämpfer	

Gesamtpunktzahl: 3 =

8.	**Geschäftsfokus**	**Note**
23.	Ich zeichne mich durch logisches Denken aus	
24.	Ich verliere mich nicht in Details	
25.	Ich verfüge über kaufmännische Grundkenntnisse	
26.	Ich denke ergebnis– und gewinnorientiert	

Gesamtpunktzahl: 4 =

Addiere alle acht Gesamtpunktzahlen + teile diese durch 8 = **Im Anhang findest du den Bewertungsschlüssel deiner Selbstanalyse!**	

„Dein Chef auf dem Prüfstand!“

Wie siehst du deinen direkten Vorgesetzten?

Diesen Fragebogen habe ich von einem sehr erfolgreichen Unternehmer erhalten, der für mich ein Meister der Team-Entwicklung ist. Einmal pro Jahr findet diese Befragung anonym in jeder Abteilung statt. Er selbst lässt sich ebenfalls von seinen Führungskräften beurteilen.

1.	Wie arbeitet dein Vorgesetzter mit dir persönlich zusammen?	O partnerschaftlich	O kollegial	O distanziert
2.	Verhält sich dein Chef dir gegenüber aufgeschlossen?	O ja	O zum Teil	O nein
3.	Informiert dich dein Chef über Dinge, die dich betreffen, rechtzeitig und ausreichend?	O ja	O rechtzeitig, aber nichtausreichend	O ausreichend, aber nicht rechtzeitig

4.	Bespricht dein Vorgesetzter deine Aufgaben intensiv mit dir?	O ja	O zum Teil	O nein
5.	Beachtet dein Chef deine Meinung?	O ja	O bedingt	O nein
6.	Fördert das Verhalten deines Chefs deine Einsatzbereitschaft und deine Arbeitsfreude?	O ja, sehr	O manchmal	O nein, zuviel Kritik
7.	Hilft dir dein Vorgesetzter, wenn es einmal Schwierigkeiten bei der Arbeit gibt?	O gern zu jederzeit	O ab und zu, meist Lippenbekenntnisse	O ungern + zögernd
8.	Besprichst du mit deinem Chef auch ganz private Dinge?	O ja	O bedingt	O nein

9.	Wie kontrolliert dein Vorgesetzter deine Leistungen?	O intensiv, helfend	O manchmal, abschweifend	O selten, kritisierend
10.	Wie kritisiert dich dein Chef, wenn dir einmal ein Fehler unterläuft?	O ruhig, konstruktiv	O emotional, beschämend	O erregt, unbeherrscht
11.	Gibt dir dein Vorgesetzter genügend Anerkennung?	O ja	O kaum, fällt ihm schwer	O nein
12.	Fühlst du dich von deinem Chef hinsichtlich deiner Leistung gerecht beurteilt?	O ja	O manchmal	O nein

„DIE BOTSCHAFT AN GARCIA!“

Während des Spanisch-Amerikanischen Krieges (1899) wurde auf der Insel Kuba der amerikanische General Garcia mit seinen Truppen umzingelt.

Garcia war gezwungen in den Tiefen des Dschungels unterzutauchen. Kein Mensch kannte den Ort. Garcia hatte keinerlei Verbindung mit der Außenwelt. Kein Brief, kein Telegramm konnte ihn erreichen.

Der Präsident der Vereinigten Staaten, Mc. Kinley, musste unter allen Umständen mit ihm Verbindung bekommen, und zwar rasch. Was tun?

Einer der Mitarbeiter des Präsidenten wusste Rat: *"Ich kenne einen Mann, der Garcia finden wird. Sein Name ist Rowan."*
Der Präsident ließ den gewissen Rowan kommen, überreichte ihm einen Brief mit den Worten: *"Übergeben Sie dieses Schreiben General Garcia und bringen Sie mir seine Antwort zurück."*
Rowan erwiderte: **"Ja, Herr Präsident, wird gemacht!"**

Wie Rowan das Schreiben in Ölseide einschweißte und sich auf die Brust band; wie er nach vier Tagen bei Nacht und Nebel in einem offenen Boot an der kubanischen Küste landete und im Dschungel verschwand; wie er nach dreiwöchigem Fußmarsch durch Feindesland die Aufgabe erfüllte, die Botschaft überbrachte . . . sind Dinge, auf die wir hier nicht einzugehen brauchen.

Wichtig für uns ist, was Rowan, als er den Brief in Empfang nahm, sagte: **"Ja, Herr Präsident, wird gemacht!"** Das war alles.
Er stellte keine dummen Fragen: Wo ist Garcia? Wie komme ich auf die Insel? Soll ich ein Boot mieten oder eins kaufen?

Wie muss man vorgehen, wenn man einen Mann im Dschungel sucht, und dieser darauf achtet, dass niemand weiß, wo er ist? Wie komme ich durch die feindlichen Linien, ohne erwischt zu werden? Woher bekomme ich das Geld, um die Reise zu bezahlen?

Mc Kinley stellte Rowan eine Aufgabe und überließ es ihm, Antworten auf alle auftauchenden Fragen zu finden, da er genau wusste, dass er unmöglich alle Situationen voraussehen konnte, denen Rowan begegnen würde.

Diese Geschichte, die selbstverständlich und wenig außerordentlich erscheinen mag, wurde im März 1899 im "Philistine Magazine" publiziert. Der Aufsatz ist seither in fast allen Sprachen der Welt übersetzt worden. Über vierzig Millionen Exemplare der "Botschaft an Garcia" sind bis heute gedruckt worden.

Was gehört zu deinen künftigen Führungsaufgaben?

Aus der Vielfältigkeit an Führungsaufgaben aus meiner praktischen Erfahrung nenne ich dir die drei wichtigsten Aufgaben:

1. Ziele verwirklichen!

- Definiere klare und eindeutige Ziele.
- Zerlege deine Ziele in Teilschritte und führe diese durch.
- Kontrolliere die Zwischenergebnisse,
  damit du eventuell gegensteuern kannst.
- Analysiere mögliche sachliche oder menschliche Abweichungen.

2. Strukturanpassung an den Werte- und Bewusstseinswandel!
Strukturen können die Ziele eines Unternehmens fördern oder auch behindern. Strukturen sind nicht etwas gegebenes, sondern beinhalten kontinuierliche Veränderungen oder Verbesserungen.
Zur Anpassung der Strukturen ist für dich erforderlich:

- Führe zielorientiert.
- Nutze Quer-Informationen, statt „von Oben nach Unten"
- Kommuniziere intensiv.
- Gib deinen Mitarbeitern öfter Anerkennung.
- Wenn, kritisiere konstruktiv, nicht emotional und vor allem nicht „unter der Gürtellinie".
- Entdecke die leistungsorientierten „Reservepotentiale" deiner Mitarbeiter.
- Forciere Fort- und Weiterbildung, und biete diese deinen Mitarbeitern an.

3. Aufgaben, Kompetenzen und Verantwortung delegieren!
Aus vielen Gesprächen mit Führungskräften weiß ich, dass gerade in diesem Punkte sehr schnell eine innere „psychologische Kluft" entsteht, die sich kaum jemand auszusprechen wagt. Frei nach den inneren zwei Denkweisen:

⇒ Wenn mein Mitarbeiter diese Aufgabe schlechter löst, als ich sie lösen würde, kann ich diese Aufgabe auch gleich selbst lösen.
⇒ Wenn mein Mitarbeiter diese Aufgabe besser löst, als ich sie lösen würde, wie stehe ich dann da?

Wie kommst du aus dieser Denkweise heraus? Ganz einfach. Präge dir nur mein Zitat ein:

Führung übernehmen. Leitung überlassen.

Du wirst als Führungskraft nicht dafür bezahlt, dass du jede Aufgabe selbst in Angriff nimmst. Dein Ziel ist einzig und allein:

Deine Mitarbeiter zu Erfolgen kommen lassen!

Deshalb sind für die Delegation von Aufgaben, Kompetenz und Verantwortung für dich folgende Punkte wichtig:

- Sorge für ständige Rückkopplung, damit du auf dem Laufenden bleibst.
- Kontrolliere regelmäßig und ganz besonders die Erfolge.
- Baue eine gesunde Nähe zu deinen Mitarbeitern auf.
- Beseitige Organisationsmängel und unterstütze deine Mitarbeiter.
- Zeige gegenüber deinen Mitarbeitern deutliches Interesse.
- Nutze die Begabungen deiner Mitarbeiter.

Mit der PROTORING®-Erfolgsmethode entwickelte ich unter anderem auch das **Führungsmodell „KOBLENZ“** das du gerne anwenden kannst, wenn du bereits Führungskraft bist:

K Kognitive Kommunikation für mehr Erfolg in der direkten Mitarbeiterführung.

O Organisation der eigenen Aufgaben, für die du die Kompetenz und Verantwortung hast.

B Beziehungen in zwischenmenschlichen Bereichen stärken und ausbauen.

L Lern- und Entwicklungsperspektiven aufzeigen und anbieten.

E Ergebniskontrollen regelmäßig durchführen, als Mittel für mehr Anerkennung und Leistung.

N Netzwerke schaffen für übergreifende, kooperative Aktions- und Leistungsteams.

Z Ziel- und Zeitmanagement für mehr Effizienz in der strategischen Erfolgsplanung und –auswertung.

Fünftes Kapitel

Meine Wegbegleiter und Geschäftsfreunde stellen Fragen und geben Antworten zu Schlüsselworten des Lebens

Christian Agne
Diplom Geograph
Prokurist und Projektmanager
Wirtschaftsförderung
Wetterau GmbH
info@wfg-wetterau.de
www.wfg-wetterau.de

Ist die Kommunikation wirklich besser geworden?

Früher war die Kommunikation einfach und unkompliziert. Das Ganze wurde dadurch beschränkt, dass man immer nur ein Fax senden oder mit nur einem Menschen telefonieren konnte. Die Kommunikation hatte einen festen Rahmen. Von acht bis zwölf Uhr und vierzehn bis siebzehn Uhr erreichbar zu sein reichte aus und wurde akzeptiert. Anhand des Kommunikationsaufwandes beschränkte man sich auf die wirklich wichtigen und notwendigen Dinge. **Das war die gute alte Zeit.**

Anders heute. Der Reaktions- und Verfügbarkeitsstress nimmt zu! Es werden gleichzeitig zweitausend Mails versandt, und nach wenigen Minuten erhalten wir schon die ersten Antworten. Würden alle reagieren, wäre dies kaum zu handhaben. Es wird erwartet, immer und überall erreichbar zu sein. Ist man dieses einmal nicht, wird die Nase gerümpft, Kopf geschüttelt, schief geschaut.

Die Möglichkeit miteinander zu kommunizieren, ist merklich gewachsen. Weltweite Kommunikation ist kein Problem mehr und zum Schnäppchenpreis zu bekommen. Mails, soziale Netzwerke, zunehmende Veranstaltungsdichte, und anderes mehr, erhöhen die Schlagzahl der Kommunikationsmöglichkeiten fast ins Unendliche.

Ist die Kommunikation dadurch wirklich besser geworden? Sind wir hierdurch unseren Mitmenschen und Arbeitskollegen näher gekommen? Ich glaube nicht!

Kommunikation heute überfordert, überlastet und verfehlt mehr und mehr den Zweck anderen etwas Wichtiges und Sinnvolles mitzuteilen, Informationen auszutauschen oder einfach nur Kontakte zu pflegen.

Mein Fazit:
Entwickeln Sie eine neue Kommunikationsstrategie, die Kommunikation wieder ernst nimmt, niemanden überfordert und echte Inhalte vermittelt. Die beste Kommunikation findet immer noch zwischen Menschen statt!

◆ ◆ ◆ ◆ ◆ ◆ ◆ ◆ ◆ ◆

Johannes Baier

Inhaber
Prowiso Beratung und Management
Präsident: Speakers Society ENB
johannes.baier@prowiso-beratung.de
www.prowiso-beratung.de

Der Mensch im Mittelpunkt von Verdrängungsprozessen im Unternehmen!

In meinen Jahren im Management mittelständischer Unternehmen, großer Einkaufs- und Marketingverbände, sowie in meiner bereits 16-jährigen selbständigen Tätigkeit als Unternehmensberater und Trainer hat sich immer wieder herausgestellt: **Mitarbeiter haben in jedem Unternehmen eine überragende Bedeutung!**

Diese Feststellung ist sicherlich nicht überraschend. Dennoch, oder vielleicht gerade deshalb, werde ich von Unternehmen engagiert, in denen trotz ursprünglich guter organisatorischer Voraussetzungen, einer exzellenten Geschäftsidee, und einer ausreichenden finanziellen Ausstattung, Krisen entstanden sind.

Der Grund besteht darin, dass es nicht gelungen ist, die Mitarbeiter auf dem Weg zum geplanten Erfolg mitzunehmen!
70 % aller neu gegründeten Unternehmen scheitern heute laut Banken unter anderem auch deshalb, weil zu ca. 61 % Informationsdefizite, und zu rund 50 % Qualifikationsmängel im Management und bei Mitarbeitern festgestellt werden.

Aus diesen Erfahrungen habe ich **das Company Optimizing System (COS)** entwickelt, in dass kontinuierlich die stets aktuellen Erfordernisse integriert werden.

Ich kenne meinen Freund, Prof. Klaus-Peter Dreykorn, seit 16 Jahren. In dieser Zeit sind eine Reihe gemeinsamer Ideen entstanden. Wir haben uns in vielerlei Hinsicht beruflich ausgetauscht und gegenseitig befruchtet. Hierbei ist die von ihm entwickelte Protoring-Erfolgsmethode auch in die Entwicklung meines **Company Optimizing Systems** eingeflossen.

Ich freue mich, dass wir immer wieder unsere von gegenseitiger Wertschätzung geprägten konstruktiven Gespräche führen. Im Mittelpunkt steht für uns stets der Mensch mit seinen vielfältigen Kompetenzen.

Gundi Beckenbach

Bilanzbuchhalterin
Landesvorsitzende
BVBC E. V. Hessen
Business Personal Coach
Mentorin in der
ISF RhetorikAkademie
no-gu.beckenbach@t-online.de

Fort- und Weiterbildung – Schlüsselfaktor für den Erfolg!

„Ich lerne vom Leben. Ich lerne solange ich lebe. So lerne ich heute noch." Dies hat Otto von Bismarck bereits im 19. Jahrhundert erkannt.

Die lebenslange Fortbildung gewährleistet die stetige Aktualisierung des Wissens und steigert die privaten und beruflichen Kompetenzen.

Eine wichtige Voraussetzung für die Weiterbildung ist allerdings die eigene Freiwilligkeit und Motivation. Diese Motivation nutzte ich, um meine rhetorischen und dialektischen Fähigkeiten in den praxisbezogenen Seminaren von Prof. Dreykorn auszubauen und zu trainieren.

„Das Schönste am Lernen ist, dass niemand uns das Erlernte wegnehmen kann."
Dies sagte schon der amerikanische Jazz-Musiker Riley B. King (16. 09. 1925).

Somit sollte die Fort- und Weiterbildung die Pflicht eines jeden Menschen sein, wenn er nicht zu der lustlos lebenden und lernenden Gruppe gehören möchte. Das lebenslange Lernen darf nicht zur Floskel erstarren und in unserer alternden Gesellschaft kein bloßer Slogan sein.

Viele Menschen denken, dass ihnen ein Abschluss reicht und bilden sich nicht weiter. Mit dieser Haltung schaden sie sich selbst. Hier schließe ich mich den Worten des amerikanischen Großindustriellen Henry Ford an:
„Wer aufhört zu lernen ist alt. Er mag zwanzig oder achtzig Jahre alt sein!“

Ich empfehle jedem das vorliegende Buch zu lesen, zu erarbeiten und zu hinterfragen. Es motiviert, nie aufzuhören zu lernen und „die geheime Macht in dir“ zu erforschen..

◆ ◆ ◆ ◆ ◆ ◆ ◆ ◆ ◆ ◆

Friedrich Behrens

Diplom Betriebswirt (DHBW)
Geschäftsführer
Behrens Holz und Bauelemente GmbH
Vorsitzender des Handballvereins
„TUS Rotenburg e. V."
Councilor of Speakers Society ENB
fr.behrens@holz-behrens.de
www.behrens-gruppe.de

Motivation ist das Geheimnis des Erfolges!

In Unternehmen, wie auch im Sport spielt die Motivation des Teams und jedes Einzelnen eine wichtige Rolle um Erfolg zu haben.

In etlichen Büchern wird über diverse Motivationstheorien und –modelle geschrieben. Das sind theoretische und sicherlich wichtige Grundlagen.
Entscheidend ist jedoch die praktische Umsetzung im Unternehmen, und gleichermaßen auch im Sport. Als Unternehmer habe ich in den Bereichen Motivation und Erfolg viel vom Sport übernommen:

- **Teamfähigkeit:** Nur im Team sind wir stark
- **Leidenschaft:** Spitzensportler sind hoch motiviert
- **Training:** Übung macht ‚den Meister'!
- **Ziele setzen:** Die wichtigsten Ziele der Saison festlegen!

Diese Tugenden sind beim Führungsverhalten im Unternehmen von großer Wichtigkeit! Viele ehemaligen Spitzensportler haben sich auch als erfolgreiche Unternehmer, Manager, oder Trainer bewährt. Sie haben die Fähigkeit Mitarbeiter zu motivieren und sie zu Höchstleistungen anzuspornen.

Was mich besonders geprägt hat, ist die langjährige Zusammenarbeit mit Prof. Klaus-Peter Dreykorn. Bereits während meines Studiums 1988 an der dualen Hochschule in Mosbach hat er mir die Grundlagen der Mitarbeiterführung gelehrt.

In den folgenden Jahren haben meine Mitarbeiter in unseren firmeninternen Seminaren und Trainings mit Klaus-Peter Dreykorn vieles erfahren, trainiert und erarbeitet.

Ich denke gerne auch an unsere Trainings in diesem Frühjahr, in denen vierundzwanzig junge Mitarbeiter mit Prof. Dreykorn die Grundlagen der Verkaufsrhetorik und der Verkaufspsychologie erarbeiteten und trainierten.
Alle waren begeistert.

Für die langjährige Zusammenarbeit sage ich DANKE, und freue mich auf die spannenden Inhalte, und die vielen praktischen Tipps und Anregungen in diesem Buch!

◆ ◆ ◆ ◆ ◆ ◆ ◆ ◆ ◆ ◆

Dr. Wieland Boockmann

Geschäftsführer der MedSecur Sarl.
Gesellschaft für Bio-Regulationsmedizin
Ehrenbürger der Stadt New Orleans
Persönlicher Berater des Gouvernors
Edwin W. Edwards (Louisiana)
Councilor of Speakers Society ENB
boockmann.wieland@laregie.fr

Die menschliche Stimme als Diagnose- und Therapiesystem

Unser Gehirn ist das Spiegelbild unseres Körpers. Ausschließlich hier werden Störungen und Belastungen erkennbar, die sich erst sieben bis zehn Jahre später auf der morphologischen Ebene manifestieren.

Die Stimme als diagnostische Grundlage zu nutzen ist deshalb die ideale Ausgangssituation, weil sie vom autonomen Nervensystem gesteuert wird, und den willentlichen Beeinflussungen nicht ausgesetzt ist.
Schon Sokrates wusste:

„Sprich zu mir, damit ich sehe, wer Du bist!“

Die Stimmfrequenzanalyse (SFA) nach Dr. Arno Heinen macht alle Informationen über den Gesundheitszustand und die persönliche Stressbelastung im Klangbild der Stimme sichtbar, und damit auch objektivierbar. Prägende und besonders traumatische Ereignisse spiegeln sich in der menschlichen Stimme wieder.

Was in der Entwicklung der Persönlichkeit (bereits beginnend in der pränatalen Phase) entscheidende Einflüsse ausgeübt hat, ist auch Jahrzehnte später noch erkennbar. Völlig unerheblich, ob diese Ereignisse im Wachbewusstsein abrufbar sind. Auch wenn sie ausschließlich im Unterbewusstsein verankert sind, üben sie ihren Einfluss in der Regulation aus.

Über das Programm rhythmovogue-plus® wird eine Therapie-CD produziert, die auf genau der Frequenz basiert, die als Störgröße ermittelt wurde. Diese CD ist das akustische Therapeutikum, das die Selbstordnungskräfte wieder aktiviert, den Körper in seine Balance zurückführt und die Selbstheilungskräfte stimuliert.

Mediziner, Heilpraktiker, Diagnostiker und Therapeuten, die sich für das Basisprogramm vocalyse® interessieren, können direkt mit mir Kontakt aufnehmen.

◆ ◆ ◆ ◆ ◆ ◆ ◆ ◆ ◆ ◆

Carmen Brablec

Dozentin, Image-Expertin, Autorin
Inhaberin: Fate-Labs Institut für
Karriere Styling
info@fate-labs.com
www.fate-labs.com

Optische Kompetenz - Kleidung als Karriere-Werkzeug!

Kennen Sie fünf Personen aus Ihrem direkten Umfeld, die allein durch ihr Erscheinungsbild das vorher gegebene Leistungsversprechen zu einem Produkt oder ihren eigenen Kompetenzen brechen?

Die Frage lautet nicht umsonst: **„Welche Position *bekleiden* Sie?“**

Allein durch die Tatsache dass Sie gut sind, in dem was Sie tun, werden Sie nicht erfolgreich. Einzig und allein durch die Bestätigung Ihres Umfeldes ist es möglich die Karriere-Leiter erklimmen.

In der Schule war ich immer von der Tatsache fasziniert, dass man dazu gehörte, nur weil man eine bestimmte Jeansmarke trug, und die Einkaufstaschen einer gewissen Boutique als Sportbeutel benutzte. Das war ein Indiz dafür, dass man cool war und Ahnung hatte, was man so trägt.

Dass wir über Kleidung „Ahnung haben und In sein" signalisieren, hat sich mit dem Erwachsen werden nicht verändert. Im Gegenteil: es ist schlimmer geworden.

Unbewusst nehmen wir eine Person aufgrund ihrer Erscheinung in Verbindung mit der jeweiligen Situation als kompetent oder inkompetent wahr.
Das vergessen die meisten Menschen, wenn sie sich auf ein Gespräch oder eine Verhandlung vorbereiten. Die Gesprächsstrategie wird festgelegt, Unterlagen vorbereitet, das Auto vielleicht auch noch gewaschen. **Doch welchen Stellenwert räumen Sie Ihrem Outfit, und Ihrem gesamten Erscheinungsbild in Ihren strategischen Vorbereitungen ein?**

Der Mensch entscheidet zu 100 Prozent emotional über einen Kauf. Das beinhaltet insbesondere, ob er Ihnen vertraut, und ob er Ihnen zutraut, dass Sie das können, was Sie bzw. Ihr Unternehmen versprechen.

Machen Sie Ihre Kompetenzen auch sichtbar und erlebbar!
Begeistern Sie mit Ihrem Qutfit und Erscheinungsbild Ihre Geschäftspartner!

◆ ◆ ◆ ◆ ◆ ◆ ◆ ◆ ◆ ◆

Heinz Braun
Vorstand Finanzen und IT
Triplan AG
Business Personal Coach
Heinz.Braun@triplan.com
www.triplan.com

Wertschätzung muss ganz Oben stehen!

Schätzen wir unsere Welt? Wie halten wir es mit unseren Mitmenschen? Wie behandeln wir viele Dinge, die um uns herum geschehen?

Wir sehen Zerstörungen, beschmierte Wände, und vieles andere mehr.
Wir hören oft von der Gewalt junger Menschen gegenüber Anderen.

Haben wir es wirklich verlernt, wert zu schätzen? Wie konnte es dazu kommen? Haben wir zu sehr weggesehen? Mich bewegt die Frage: **Wie kommen wir dahin, unsere sozialen Umfelder wieder wert zu schätzen? Wo bleiben die Denkweisen: „Beispiele geben, Vorbild sein, oder: Was du nicht willst, dass man dir tu…..?“**

Gerade hierin sehe ich eine Herausforderung nicht nur an jeden Einzelnen, sonder auch an die Gesellschaft im Allgemeinen.

Im Vergleich zu uns schätzen Naturvölker noch ihre Mitmenschen. Sie setzen ihre wertschätzenden Regeln und Erfahrungen ein.

Worin liegen die hauptsächlichen Ursachen für das nicht wertschätzende Verhalten vieler? Vordergründig ist es das weit überzogene Profitdenken, egal was das für andere bedeutet.

Wann lernen wir wieder wert zu schätzen, damit wir selbst mehr an Wert gewinnt?

Ich freue mich, dass mein Anliegen für mehr Wertschätzung in diesem Buch von Prof. Klaus-Peter Dreykorn ebenfalls zu Wort kommt!

◆ ◆ ◆ ◆ ◆ ◆ ◆ ◆ ◆ ◆

Thomas Eckardt

Diplom-Psychologe, Autor
Inhaber: Eckardt & Koop.-Partner
Beratung, Training, Coaching
info@eckardt-online.de
www.eckardt-training.de

Neun Tipps für Erfolgsbewusste!

1. Seien Sie innovativ!
Wer sich nie an Neues heranwagt, vermindert seine Chance auf dem Arbeitsmarkt, und verliert auch langsam aber sicher den Spaß an seiner aktuellen Tätigkeit.

2. Motivieren Sie sich selbst!
Denken Sie darüber nach, wie Sie sich selbst motivieren können. Welche kleineren und größeren Ziele können Sie sich in Ihrem Beruf stecken?

3. Machen Sie sich fit im Umgang mit Informationen!
Beobachten Sie Ihr Gegenüber. Ist Ihr Gesprächspartner zugänglich für Ihre Argumente, oder erkennen Sie eine innere Blockade? Bringen Sie Spannung in Ihre Informationen.

4. Seien Sie flexibel!
Wer geistig beweglich ist, kann Hindernisse leichter überwinden. Er ist in der Lage, Probleme aus verschiedenen Blickwinkeln zu beleuchten.

5. Übernehmen Sie Verantwortung!
Wenn Sie Menschen leiten und führen, seien Sie Vorbild, indem Sie selbst Verantwortung übernehmen!

6. Schauen Sie über den eigenen Tellerrand!
Umfeldorientierung ist das Schlagwort unserer Zeit. Ein Unternehmen, das den Blick nach außen scheut, ist ein totes Unternehmen.

7. Seien Sie kooperativ!
Guter Teamgeist ist wichtig. Voraussetzung hierfür ist die Bereitschaft zur Zusammenarbeit.

8. Optimieren Sie Ihre Arbeitsmethodik!
Erarbeiten Sie Regeln für effiziente Meetings, z. B. kein Meeting darf länger als 60 Minuten dauern. Führen Sie für sich selbst störungsfreie Zeiten ein.

9. Nehmen Sie das Steuer selbst in die Hand!
„Ergreife selbst die Initiative und verlasse dich niemals darauf, dass andere dich ins Ziel bringen."

◆ ◆ ◆ ◆ ◆ ◆ ◆ ◆ ◆ ◆

Joerg Grieder
CEO – netto Einkaufsgruppe AG
jgrieder@netto.ch
www.netto.ch

Nichts kann eine lange Lehrzeit ersetzen!

Die Lehrzeit ist eine stete Ansammlung von Erfahrungen. Diese sind die Basis für Wissen und bilden das Wesen.

Ich bin der Meinung, dass das vorliegende Buch und die praxisbezogenen Schulungen von Prof. Klaus-Peter Dreykorn genau den Kern meiner Aussagen treffen.

Es beinhaltet einen wertvollen Lehrbeitrag für jedermann.

Unser irdisches Leben besteht aus einer langen Lebens-Lehrzeit!

> ***„Bewege dich,***
> ***damit du etwas in Bewegung***
> ***bringst!“***
>
> Klaus-Peter Dreykorn

Michael Hahne

Diplom-Handelslehrer
Berater für europäische
Bildungsprogramme
Internationaler Vorsitzender der
Europa-Union
Deutschland, KV Cuxhaven
Councilor of the Speakers Society ENB
Europa@Hahne-Cux.de

Nonverbale Kommunikation ist wichtig!

Es gibt unterschiedliche Stufen / Stadien von Kommunikationsfähigkeit, und es ist ein langer Weg, bevor wir einen Auszubildenden oder Studenten rhetorisches Geschick bescheinigen.

Ein wesentlicher Aspekt meiner beruflichen Tätigkeit besteht darin, junge Menschen für den Weg ins Ausland, und somit auch in andere Kulturen vorzubereiten. **Viel zu spät stellen die Bewerber fest, dass englisch und auch spanisch, heute keine Fremdsprachen mehr darstellen, sondern zum Allgemeinwissen gehören.**
Für die angebotenen Länder fehlen diesen jungen Menschen jedoch die notwendigen Sprachkenntnisse. Im Gegensatz zu Kenntnissen interkultureller Kommunikation können Sprachen nicht in kurzer Zeit erlernt werden.
Die wesentliche Vorbereitung besteht darin, nonverbale Kommunikation zu vermitteln.

Dass **Reden mit Händen und Füßen** hilft, merken die Praktikanten erst dann, wenn sie wieder in ihr Heimatland zurückkehren. Die Kunst der Rede besteht nicht nur darin mit Worten umzugehen, sondern sie **beinhaltet insbesondere**

unsere Gestik, Mimik und Auftreten. Es ist die eminent wichtige Körpersprache, die Prof. Dreykorn in diesem Buch ausführlich beschreibt.

Wer es geschafft hat mit arabischen, russischen, afrikanischen und anderen Menschen über komplexe Themen zu diskutieren, ohne eine gemeinsame Sprache zu benutzen, der hat die nonverbale Kommunikationsfähigkeit erlangt, um auch schwierige Geschäftsverhandlungen im Inland mit Bravur zu bestehen.

Klaus-Peter Dreykorn und ich kennen uns seit vierzig Jahren. Wir starteten gemeinsam unsere damalige berufliche Tätigkeit in einem namhaften deutschen Konzern, und sind heute noch befreundet. Seinem Buch wünsche ich viel Erfolg, weil ich sicher bin, dass es für viele Menschen mehr als ein praxisorientierter Ratgeber ist.

◆ ◆ ◆ ◆ ◆ ◆ ◆ ◆ ◆ ◆

Carola Hausen

Diplom-Kauffrau (FH)
Bilanzbuchhalterin und Dozentin
Landesvorstand BVBC E.V., Berlin
Mentorin in der ISF RhetorikAkademie
carolahausen@aol.com

Ich wusste, was ich kann und will!

Fall der Berliner Mauer. Ungläubig verfolgte ich die Ereignisse. Und ich war ein Teil davon! Das alles geschah in meiner Stadt Berlin. Was noch alles auf mich als DDR-Bürgerin zukommen würde, war mir selbst noch nicht klar. Im

Moment zählte nur das Gefühl der Freiheit, und das war unbeschreiblich!

Wie wird es für mich weitergehen? **Ich entschied mich selbst aktiv zu werden.** In der Zeitung las ich einen Artikel über eine Weiterbildung zur Bilanzbuchhalterin. Und ganz ehrlich: es war kein Zuckerschlecken für mich. **Die erste Herausforderung bestand darin Umdenken zu lernen!** Doch habe ich bis heute keine Herausforderungen gescheut.

Gesagt, getan, ich wurde Bilanzbuchhalterin. Eine große Kraftanstrengung, zumal meine damals drei kleinen Kinder natürlich auch ihre Mutti haben wollten. Ich habe gerade in diesem Stadium gelernt, dass sich alles organisieren lässt, **wenn man will!**

Nach dieser Weiterbildung nahm ich die nächste Hürde: **Mein Sprung in die Selbständigkeit!** Eine Erfahrung, die ich heute nicht missen wollte. Es galt gerade am Anfang viele Hürden zu überwinden. Heute habe ich meine Ziele von damals erreicht. Ich arbeite in der Wirtschaftsprüfung und gebe als Dozentin zusätzlich mein Wissen an die Studierenden weiter.

Ich habe mich nie als ‚Bürgerin zweiter Klasse' gefühlt, und gehörte auch nicht zu den ‚Jammer-Ossis'. Ich wusste was ich kann und was ich erreichen wollte.

Wichtig ist, dass man sein Ziel nicht aus den Augen verliert und stets weiter daran arbeitet!

Wie Sie sich selbst Ziele setzen, und diese erreichen können, hat Prof. Klaus-Peter Dreykorn, in diesem Buch ausführlich und sehr hilfreich beschrieben.

◆ ◆ ◆ ◆ ◆ ◆ ◆ ◆ ◆ ◆

Dr. Klaus Holzäpfel

Allgemein/Hausarzt,
Sportmedizin
Sammler + Fahrer von
klassischen Vorkriegs-Rennwagen
Dreimal Teilnahme bei der Mille
Miglia Stirico in Italien
info@dr-holzaepfel.de
www.dr-holzaepfel.de

Meine Gedanken zum Outfit!

„Man darf anders denken als seine Zeit, aber man darf sich nicht anders kleiden!“, sagte Marie Freifrau von Ebner-Eschenbach.

Immer bemüht , nach der neuesten Mode gekleidet zu sein, ist eigentlich für einen intelligenten Menschen zu gewollt und zu sehr angepasst. Ein Klassenkamerad sagte einmal zu mir: „„… und wenn es Mode wird von Baum zu Baum zu springen, dann machen wir das auch!“ Man unterwirft sich allzu oft dem Diktat des Zeitgeistes.

Auf der anderen Seite kann es auch Spaß machen, sich über das Outfit ein wenig zu verändern, um andere glauben zu machen, man wäre doch ein ziemlich cooler Typ.   Das kann natürlich auch zu grotesken Outfits führen.

Das Muss des Outfits ist kein zeitgenössisches Phänomen. Dieses Grundbedürfnis reicht weit in die Steinzeit zurück. Damals schon haben Menschen Kleidung hergestellt. Wir waren auf diesen Schutz angewiesen, da wir kein Fell besaßen. Würden wir alle noch leben wie Adam und Eva im Garten Eden, wären wir längst erfroren, verbannt oder verletzt.

In der Welt der Mode gelten andere Regeln. Da gibt es Schönheitsideale und vorgeschriebene Maße. Wird diesem nicht entsprochen, sinkt das Image. Man kann das auch als Zweckentfremdung bezeichnen. Kleidung soll uns dienen, nicht entwerten.

„Begrüßt wird man nach der Kleidung. Verabschiedet nach der Klugheit!“, wird in Japan gesagt. So stellt sich das gerne der intellektuelle Modemuffel vor, und sieht deshalb keine Veranlassung, seine alten Cordhosen gegen einen Anzug auszutauschen.

Meine Gedanken aus der Welt des Outfits besagen, dass es noch einiges zu verbessern gilt. Dennoch ist es wichtig für sich zu wissen, dass Diskriminierung, Ausgrenzung, Anorexia nervosa Erscheinungen unserer Kultur sind, und nicht eine bestimmte Art sich zu kleiden.

Wenn Sie demnächst durch die Straßen schlendern, beurteilen Sie nicht nur das Outfit, sondern betrachten Sie zusätzlich auch den Menschen hinter seiner Fassade

Yvonne M. Johnson

Head of Business Unit Excipients
in der JRS Pharma GmbH & Co. KG
Business Personal Coach
yvonne.johnson@jrspharma.de
www.jrspharma.de

Du wirkst immer!

Du wirkst immer. Weißt du das?
Ja? Doch was bedeutet das?

Wirkst auf andere, wirkst auf dich,
ja, und was bewirke ich?

Ein Lächeln und ein gutes Wort,
trägt es unsere Arbeit fort?
Nein, doch leicht lässt es sie sein,
denn Gedanken stellen unser Befinden ein.

Auf die geistige Programmierung kommt es an.
Beeinflusst dies, wie ich Kontrolle sehen kann?
Chance zu Loben gibt sie dir!
Deine Umwelt will Feedback, gib es ihr.

Visionen und Ziele wollen wir,
und was bekommt der Mensch dafür?
Loben heißt das Zauberwort,
damit bewegst du andere fort.
„Was schlagen Sie vor?“ kommt immer gut an,
da es das Gegenüber einbinden kann.
Teilziele feiern, steuern den Schritt,
ja, so gehen Leader mit.

Vorbild sein, Mensch sein,
hier schließt sich der Kreis.
Sozial kompetent sein,
schließt Menschen mit ein!

An dieser Stelle danke ich Prof. Klaus-Peter Dreykorn für die herausragende und anspruchsvolle Ausbildung zum Business Personal Coach.

Werner Karst

Diplom-Kaufmann,
Direktor der GFS Wirtschaftsfachschulen
karst@gfs-berlin.de
www.gfs-berlin.de

Die Gefühle der Kunden und Mandanten gestalten!

Seit vielen Jahren sind unsere Dozenten und ich in der Fortbildung für Steuerfachangestellte, Steuerwirte, Steuerberater, Steuer-Fachanwälte und Wirtschafsprüfer tätig.

Zugegeben für viele eine trockene Angelegenheit. Doch falsch. Auch hinter Zahlenwerken stecken Menschen. Das klingt auf den ersten Blick übertrieben, doch viele Unternehmen machen sich heute zu wenig Gedanken, wie sie Kundengefühle richtig gestalten. Viele Wirtschaftsunternehmen bieten gute Produkte und Dienstleistungen an. Jedoch ist die Kundenerfahrung manchmal negativ oder wird dem Zufall überlassen. Beispiele hierfür gibt es genug. Denken Sie nur einmal an die Abwicklung einer Reklamation.

Ein wichtiger Aspekt für das Thema Gefühlsmanagement ist das Vertrauen!

Kunden wollen von vertrauenswürdigen Unternehmen kaufen, und Mandanten wollen von einem kompetenten Steuerexperten beraten werden!

Die Gestaltung menschlicher Interaktionen ist wichtiger als Werbeaussagen, Prospekte oder Informationsbroschüren. Das spielt auch bei der Mitarbeitergewinnung eine wesentliche Rolle. Gute qualifizierte Mitarbeiter sind heute schon knapp.

Sie können sich auf Sicht den Arbeitgeber aussuchen. Ihre Wahl fällt in vielen Fällen auf den Arbeitgeber, der das beste Paket aus Vertrauen, Image und Werten bietet. Natürlich sind auch Bezahlung und Karriereaussichten wichtig.

Die ersten Workshops „Gefühlsmanagement“ mit Prof. Dreykorn haben unsere Studierenden begeistert. Dieses Training ist ein wichtiger Baustein für die Steigerung der persönlichen und sozialen Kompetenzen für jeden, der nicht nur auf seine Fachkompetenz setzt.

Das Zukunftsinstitut sagt voraus, dass es künftig in vielen Unternehmen zusätzlich den CEO (Chief Experience Officer) geben wird. Er wird Gestalter der wichtigen Kundenerfahrungen sein.

◆ ◆ ◆ ◆ ◆ ◆ ◆ ◆ ◆ ◆

Dr. Heribert Keller

Facharzt für Orthopädie
Mountainbike-Gipfelstürmer
von Alpenpässen
Mentor in der ISF RhetorikAkademie
Council of Speakers Society ENB
Dr.Keller@orthopaedie-gmuend.de
www.orthopaedie-gmuend.de

Interaktionsgespräche mit meinen Patienten sind für mich unverzichtbar!

Nach einer intensiven medizinischen Ausbildung und Weiterbildung zum Facharzt für Orthopädie gründete ich meine eigene Firma, eine Praxis für Orthopädie mit operativem

Schwerpunkt. Doch die medizinische Ausbildung half mir wenig die praktischen und organisatorischen Aufgaben erfolgreicher Betriebsführung, und vor allem der Personalführung zu bewältigen. Der rasche Zuwachs an Patienten machte zudem die Integration weiterer Kollegen erforderlich.

Es zeigte sich schr schnell, dass Respekt, Wertschätzung, geschicktes Verhandeln und eine überzeugende Gesprächsführung unverzichtbare Werkzeuge für den privaten und beruflichen Erfolg sind.

Dank der berufsbegleitenden Workshops und Trainings, sowie der Ausbildung zum Personal Business Coach durch Prof. Klaus-Peter Dreykorn, habe ich in der ISF Rhetorik Akademie die **Werkzeuge für erfolgreiches Management** schnell und in einer sehr praxisorientierten Art und Weise lernen können. Das war für mich eine enorm wertvolle Hilfe. Die **Qualität der Kommunikation**, und vor allem die **Interaktionsgespräche** mit unseren Patienten haben sich um ein vielfaches gesteigert.

Mit Begeisterung kann ich heute meine Mitarbeiter motivieren, und deren kreativen Intuitionen zur Entfaltung bringen. **Mit Humor und Schlagfertigkeit** können meine Mitarbeiter schwierige Themen lösen, was sich auch in den vielen positiven Patienten-Feedbacks zeigt.

Meine Teilnahme an den intensiven Workshops mit Prof. Dreykorn war **eine absolute Bereicherung in meiner persönlichen Laufbahn.**

Die Teilnahme an regelmäßigen Fortbildungen für die Steigerung persönlicher und sozialer Kompetenzen ist seither für meine Mitarbeiter eine Selbstverständlichkeit.

◆ ◆ ◆ ◆ ◆ ◆ ◆ ◆ ◆ ◆

Heike Kuhn

Diplom-Verwaltungswirtin
H1QN GmbH Gesellschafterin
Werbeagentur
Kommunikationsfachwirtin
Mentorin in der ISF RhetorikAkademie
Heike.Kuhn@H1QN.de
www.h1qn.de

Alle Begriffe. Alles begriffen?

Wir verstehen es als **Anerkennung** dabei zu sein. Deshalb machen wir uns mit **Begeisterung** an die Arbeit.

Das fördert das **Betriebsklima** nachhaltig. Die **Entscheidung** mitzumachen war richtig, und wir sehen es als **Erfolg** an, mit diesem Text zur internen **Fortbildung** beizutragen.

Das gilt für die **Führung** und gleichermaßen für alle Mitarbeiter mit **Humor**, welche sich in der **Kommunikation** und **Kreativität** gerne austoben, wenn es die **Leistung** steigert.

Bei **Problemen** muss das **Management** Maßnahmen aus dem Bereich **Marketing** ergreifen. Das geht über die bloße **Mitarbeiterführung** weit hinaus. Schließlich soll die **Motivation** nicht vom **Outfit** abhängig sein.
Hier hilft auch kein **Reden**. Gefragt ist vielmehr **Respekt** gegenüber dem eigenen **Selbstmanagement**. Das korrespondiert mit **Umgangsformen** und dem Einsatz von **Wertschätzung** in Gesprächen und Verhandlungen.

Nicht zu vergessen die eigene **Zielorientierung** mit entsprechendem **Zeitmanagement**.

Nicole Leiffermann

Unternehmerfrau des Jahres 2008
Mental- und Motivationstrainerin
Autorin
nicole@leiffermann.de
www.nicole-leiffermann.de

Mit Wissen und Vertrauen zum Erfolg!

Die eigene Freude mein Wissen stetig zu steigern und dieses für meine Ziele und meinen Erfolg einzusetzen ist der Grund, warum ich heute mit Begeisterung Menschen als Trainerin in ihrer Entwicklung begleite.

Wissen ist Macht! Wissen ist jedoch vielseitig:
Fachwissen, Erfahrungswissen, prozedurales und deklaratives Wissen, oder Situationswissen ist in vielen Unternehmen bei einzelnen Personen vorhanden.
Die Herausforderung besteht für den Unternehmer darin, dieses Wissen ALLER im Team zu aktivieren und erfolgreich für das Unternehmen zu nutzen.

Oft erlebe ich in der Praxis, dass viel Wissen im Unternehmen vorhanden ist, jedoch im Verborgenen schlummert.
Es scheitert vielmals an der Unfähigkeit das Wissen zu kommunizieren. Die Angst das eigene Wissen anderen zur Verfügung zu stellen, blockiert, und macht eine schnelle Reaktion am Markt fast unmöglich. Frustration und Motivationsverluste sind in diesem Zusammenhang die ersten Warnsignale. Es stellt sich die Frage: „Was brauchen Menschen, damit sie mit Freude ihr Wissen teilen?"

Die größte Ehre, die man einem Menschen antun kann, ist die, dass man zu ihm Vertrauen hat! (Matthias Claudius)

Dieses immaterielle Kapital ist der Schlüssel des Unternehmenserfolgs.
Vertrauen ist die Basis, um das eigene Wissen anzubieten, und das des anderen annehmen zu können und zu wollen.

Diese Wechselbeziehung ist nicht nur einer der größten Motivationen, sondern führt bei jedem Teilnehmer zu einem selbst bestimmten Handeln und mehr Selbstvertrauen. Wer den Menschen mit all seinen Facetten in den Fokus stellt, gewinnt!

Ludger Möllers
Diplom Ingenieur
Beratender Ingenieur und
Bausachverständiger
Dozent für berufliche Bildung
Mentor ISF RhetorikAkademie
info@ludgermoellers.de
www.ludgermoellers.de

Kunst zu(m) Leben!

Ein erfülltes, glückliches, gesundes und erfolgreiches Leben ist sicherlich der Wunsch vieler Menschen. Maßstäbe hierfür wird jeder für sich selbst definieren.

Die Frage ist, wie schaffe ich die Umsetzung zu einem zielorientierten Leben in einer Zeit, die sich schneller verändert, und uns immer wieder vor neue Herausforderungen stellt.

Was beinhaltet die Kunst zu(m) Leben für mich?

Lebenslanges Lernen!
Weil ich bereit bin ständig zu lernen, lebe ich.

Verhaltensweisen korrigieren und verändern,
damit ich mich immer wieder auf neue Herausforderungen einstellen kann.

Der Glaube an mich selbst,
meine Stärken und Talente, um Kraft und Motivation zu gewinnen.

Verantwortung übernehmen,
für das was ich tue und mein Leben zulässt. Verantwortung übernehmen bedeutet auch die geheime Macht in mir zu entdecken, die in diesem Buch ausführlich zu Wort kommt.

Beharrlichkeit und Beständigkeit
als persönliche Verpflichtung, damit ich meine Ziele erreiche.

Fairness und Zuverlässigkeit
im Umgang mit mir selbst und anderen.

Eine innere Haltung zu entwickeln,
dass ich mit Kenntnis und Einsatz meiner persönlichen Stärken und Fähigkeiten meine klar definierten Ziele erreichen kann.

Harald Nestroy

Botschafter a. D.
Geschäftsführer von
PRO BHUTAN e. V.
h.nestroy@probhutan.com
www.probhutan.com

Über Begeisterung und Befriedigung zu GLÜCK!

Mit meinen Freunden und Förderern von „Pro Bhutan e. V.“ teilen wir uneingeschränkt die Begeisterung für unsere humanitäre Arbeit für die Menschen im Himalaja Königreich Bhutan. Der Erfolg unserer großen Projekte in den Bereichen

- **Gesundheit** (der Krankenhauskomplex in Punakha),
- **Erziehung** benachteiligter Kinder (Schule und Heime für blinde Kinder in Khaling, für hörgeschädigte Kinder in Drukgyel),
- sowie im Bereich **Kulturerhalt**,

erfüllt uns mit größter Befriedigung. Die herzliche Dankbarkeit der Bhutaner, denen wir das Leben damit erleichtern können, insbesondere der Kinder, denen wir eine Lebenschance geben, ist wertvollere Belohnung, als jedes materielle Entgelt. Sie bedeutet Glück!

Der König und die Regierung von Bhutan anerkennen unsere Projekte ausdrücklich als Beitrag zur Erreichung eines übergeordneten Staats-Ziels, das einmalig in der Welt ist:

Vorrang des Bruttosozial*glücks*
vor Bruttosozial*produkt!*

Auf dem evangelischen Kirchentag in Dresden im Juni 2011 habe ich diesem uns so exotisch erscheinenden Thema an der Podiumsdiskussion über GLÜCK in der Kreuzkirche teilgenommen. Meine These, dass man für sich nur schmieden kann, wenn man Glück für andere Menschen schafft, **kam beim Publikum sehr gut an.**

Für unsere Vorhaben in Bhutan haben **großzügige private Förderer und Partner** in Deutschland, die ihr Glück mit anderen teilen möchten, bisher etwas mehr als drei Millionen Euro gespendet. Wir hoffen, dass wir für unsere neuen Projekte, unter anderem nochmals für hörgeschädigte Kinder, zusätzliche begeisterte, zufriedene und glückliche Förderer gewinnen.

Hierfür habe ich bisher über drei Millionen Euro von großzügigen privaten Spendern und Partnerorganisationen erhalten. Wir wünschen uns natürlich weitere finanzielle Unterstützung für unsere neuen Projekte.

Prof. Klaus-Peter Dreykorn habe ich in Köln kennen und schätzen gelernt. Seinem Buch wünsche ich den denkbar besten Erfolg!

Franz Obst

Rechtsanwalt + Mediator
Fachanwalt für Strafrecht
RTL-Moderator
Landesvorsitzender des DMB
Rheinland-Pfalz
Councilor of Speakers Society ENB
obst@anwaltskanzlei-obst.de
www.anwaltskanzlei-obst.de

Ist Reden wirklich Silber?

Unsere moderne Kommunikation wird beherrscht vom Email-Verkehr, Chatten, Simsen! Leider nicht mehr davon, sich ganz gewöhnlich zu unterhalten.

Dementsprechend sind die modernen Smartphones auch nicht mehr danach zu beurteilen, ob sie ein hohes Maß an Sprachqualität liefern, sondern vielmehr, welche Funktionen sie bereithalten. Allen voran die Geschwindigkeit des Internetzugangs, die Möglichkeit MMS zu verschicken, oder dergleichen mehr.

Im Hinblick auf diese um sich greifende moderne Kommunikation, vor allem im Chat, reduziert sich das Schreiben auf eine lautschriftartige Verständigung, die Missverständnisse aller Art profunden Vorschub leistet.

Es heißt nicht mehr: „Ich leide unter Rückenschmerzen." sondern „Ich habe Rücken!"

Man kann diese Abkürzung belustigend auffassen. Doch fördern derartige Kurzformen häufig Missverständnisse, die dem Zusammenleben nicht gerade förderlich sind. Oftmals dadurch, weil Absender und Empfänger nicht dieselbe Tonlage getroffen haben, oder etwas völlig anderes meinen. Es kommt daher entscheidend auf etwas an, was viele, die ihre Beziehung per SMS beenden, verlernt haben: **Das persönliche Gespräch!**

Nur im persönlichen Gespräch, von Angesicht zu Angesicht, bin ich in der Lage, mich im Tonfall, in der Gestik und Mimik Emotionen aufzugreifen und darauf angemessen zu reagieren. Die Reaktion sollte sich jedoch nicht auf einen Fausthieb reduzieren.

Vielmehr bin ich als Gesprächspartner nur so in der Lage deeskalierende Maßnahmen zu ergreifen, um eine aus dem Ruder laufende Situation wieder beherrschbar zu machen. Menschen müssen mit Menschen offen und wertschätzend den Gesprächskontakt pflegen!
Deshalb ist Reden GOLD!

Meinem Freund und Rhetorikexperten, Klaus-Peter Dreykorn, danke ich für die vielen Jahre unserer Freundschaft.

◆ ◆ ◆ ◆ ◆ ◆ ◆ ◆ ◆ ◆

Volker Onderka

Diplom-Kaufmann
Inhaber der B.C. Business Contact OHG
info@bc-business-contact.de
www.bc-business-contact.de

Begeisterung! Welcher Gedanke kommt zuerst?

Vielleicht Kindheit, Entdecken, Euphorie, Elan, Schwung, Faszination, Gefühle oder ähnliche Assoziationen? Fest steht, dass es in unserem Sprachgebrauch nur wenige Begriffe gibt, die so häufig mit etwas Positivem verknüpft werden, wie mit dem Wort BEGEISTERUNG.

Wovon hängt die Begeisterung wirklich ab? Ob wir begeistert sind und andere begeistern können?

Begeisterung kann nur entstehen, wenn das, wofür wir uns begeistern wirklich wichtig ist.

Es ist unmöglich sich für etwas zu begeistern, ohne mit Herz, Gefühl, Verstand und Überzeugung dahinter zu stehen. Die individuelle Bedeutsamkeit ist die Grundlage dafür, dass Menschen sich mit Energie und Freude für eine Sache begeistern und entscheiden.

Es fällt auf, dass Kinder sich sehr schnell und intensiv für neue Dinge begeistern. Erwachsene hingegen verlieren ihre Begeisterungsfähigkeit häufig in dem gleichen Rahmen, wie ihr Wissen und ihre Erfahrungen zunehmen. Der Raum des Neuen und Unerforschten wird für sie immer kleiner.

Sie werden bequemer, funktionieren, folgen Regeln, und gehen lieber bekannte Wege.

Begeisterung braucht ein anderes Verhalten. Begeisterung kann dort gedeihen, wo Menschen sich mutig und bewusst auf Unbekanntes einlassen, selbst Lösungen entwickeln, und Erfolg durch eigenes Handeln spüren.

Und genau dieses bildet die Grundlage für den letzten, doch nicht minder wichtigen Begeisterungsfaktor. Sich und andere zu begeistern bedingt die empfundene eigene Begeisterung sichtbar machen zu können. Was bedeutet es wirklich begeistert zu sein?

- **Den Funken in anderen anzuzünden!**
- **Positive Gefühle zu übertragen!**
- **Leidenschaft und Optimismus durch das eigene Erleben zu wecken.**

Allen Lesern dieses spannenden Buches wünsche ich, dass Begeisterung in ihrem Alltag stets genügend Raum findet! Als Kollege in der GSA (German Speakers Association) genießt Prof. Dreykorn meine volle Wertschätzung.

Dr. Danièle Perrier

Kunsthistorikerin
Direktorin des
Künstlerhauses
Schloss Balmoral, Bad Ems
perrier@balmoral.de
www.perrier.at

Humor ist eine Lebenseinstellung!

Menschen mit Humor haben es leichter im Leben. Sie nehmen nicht alles so tierisch ernst, und wenn, nur für kurze Zeit, bis sie wieder die notwendige Distanz zu dem gewinnen, was sie aufregt.

Übrigens setzen sie oft ihren Humor zur Überwindung ihres Unmuts. Nicht selten zerreißen sie jene, die ihnen Übel wollen oder von denen sie das annehmen, in Fetzen.

Es kann mit Witz, Ironie, Hohn, Sarkasmus, Zynismus erfolgen, in schrecklichen Situationen, oder in Galgenhumor münden.

Humor ist ein intensives Erlebnis, das eingefahrene Situationen und Mechanismen hinter scheinheiligen Fassaden mit destruktiver Vitalität niederschmettert, so dass Anwesende heiter darüber lachen müssen.
Humor hat mit der Lektüre von Zusammenhängen, mit Erkenntnis, und oft mit nüchterner Analyse von Sachverhalten und Handlungsweisen zu tun.

Humor ist eine Überlebensstrategie, oder wenn man so will,

ein Überlebenstool, um der Langeweile des Alltags zu entfliehen, und den unangenehmen Seiten des Lebens Paroli zu bieten.
Wer immer wieder fähig ist über sich selbst lachen zu können, ist ein humorvoller Mensch.

Birgit Sander

Bankkauffrau
Mentorin in der ISF RhetorikAkademie
Birgit.Sander@t-online.de

Willst du wissen, welche persönliche Bedeutung ein Wort für dich hat?

Ich habe mich für das Wort WERTSCHÄTZUNG entschieden. Nimm dieses oder ein anderes Wort. Denke an eine Person mit der du dieses Wort verbindest, und finde für jeden einzelnen Buchstaben ein Adjektiv. Hier mein Beispiel für drei Personen:

Die Personen 1 + 2 bedeuten mir viel. Ich begegne diesen mit großer Wertschätzung. Die Person 3 habe ich erfunden und möchte sie nie kennen lernen.

Ich bin immer wieder fasziniert von diesem kreativen Spiel. Es macht deutlich, dass es keine allgemeingültige Definition für ein Wort gibt.

Du alleine hast die geheime Macht, die Bedeutung wichtiger Worte zu bestimmen. Entscheidend ist deine ganz individuelle Beziehung zu den entsprechenden Personen.

Wähle dir ein Werte-Wort aus, und lege los. Ich wünsche dir viel Spaß dabei.

Person 1	**Person 2**	**Person 3**
Warmherzig	Wichtig	Wahnsinnig
Euphorisch	Eitel	Ekelig
Romantisch	Redegewandt	Rachsüchtig
Taktvoll	Temperamentvoll	Tollpatschig
Sympathisch	Spielerisch	Störrisch
Charmant	Chauvinistisch	Chaotisch
Hilfsbereit	Humorvoll	Hysterisch
Ästhetisch	Ähnlich	Ängstlich
Tolerant	Talentiert	Taktlos
Zufrieden	Zielorientiert	Zimperlich
Umgänglich	Unbändig	Ungehalten
Nachsichtig	Neugierig	Nervig
Großzügig	Gradlinig	Grauenvoll

Klaus Schlenker

Geschäftsführender Gesellschafter
Klaus Schlenker GmbH
geschäftsleitung@tylo.de
www.tylo.de

Führungskräfte brauchen mehr Entspannung!

In diesen turbulenten Zeiten ist es wichtig mal eine Weile von allem abschalten zu können.
Doch wie ist das möglich?

Natürlich können Sie wandern, spazieren gehen, spielen und vieles andere mehr!
Eines jedoch ist nicht zu übertreffen: Absolute Ruhe, und mit sich selbst ganz alleine sein. Seine eigenen Energien spüren und somit Körper, Seele und Geist in Gleichklang bringen.

Ich bringe es gerne auf den Punkt:
Lange bevor ich mich entschloss die Generalvertretung eines der weltgrößten Saunenhersteller zu übernehmen, hatten meine Frau und ich bereits eine Sauna im eigenen Haus. Ein Saunagang mit dem anschließenden Kaltbad entspannt die Muskulatur. Positive Nebeneffekte sind die Senkung des Blutdrucks, Anregung des Kreislaufs, des Stoffwechsels, des Immunsystems und der Atmung. Das sorgt vor allem für das subjektive Wohlbefinden. Ein Saunagang dient auch der Hautpflege und verlangsamt die Hautalterung!

Saunieren ist nicht nur Fitness für Körper und Seele, sondern sorgt bei Frau und Mann auch dafür, dass sich Ausstrahlung und Attraktivität erhöhen!

Mein Freund, Prof. Klaus-Peter Dreykorn, definiert für das

regelmäßige Saunieren noch einen großen psychologischen Vorteil:
*„Das Selbstwertgefühl ist für viele Menschen von der jeweiligen Tagesform abhängig.
Saunieren sorgt dafür, dass der Mensch sich danach wohl fühlt. Wer sich wohl fühlt wird selbstbewusster, attraktiver und empfindet sich aus dem Inneren heraus stärker!"*

Wer bereits regelmäßig sauniert, wird meine Überzeugungen verstehen. Der beste Ort sich zu entspannen ist für mich die Sauna. Kein Telefon, keine Gespräche, keine Störungen! Das empfehle ich insbesondere Führungskräften, die täglich in hoher Verantwortung stehen!

Einfach nur ich selbst sein, und meinen Gedanken nachgehen können.

◆ ◆ ◆ ◆ ◆ ◆ ◆ ◆ ◆ ◆

Thomas Spahn

Inhaber der Spahn Holzwerkstoffe
Councilor of Speakers Society ENB
thomas.spahn@spahn-platten.de
www.spahn-welt.de

Anders als andere wollen viele sein!

Ich denke gerne zurück, als mein Führungsteam und ich einen 4-Tage-Workshop mit Prof. Klaus-Peter Dreykorn in Spanien verbrachten. Nicht nur die Sonne brachte uns dort ins Schwitzen. Die Frage: **„Worin wollen wir uns von anderen deutlich unterscheiden?"** sorgte für Schweißperlen auf der Stirn. Egal, was wir dachten, es war kein Alleinstellungsmerkmal, was uns von unseren Mitbewerbern unterschied. Noch nie war mir bewusst, das Denken so schmerzlich sein kann. Wir waren ratlos, und stellten fest, dass sich unsere Gedanken stets im Kreise drehten.

„Denken Sie doch einmal an die private Welt ihrer Kunden!“ forderte uns Prof. Dreykorn auf.

Und dann entwickelte sich in mir eine Idee, die bis heute dafür sorgt, dass sich Kunden mit unserem Unternehmen nicht nur fachlich identifizieren, sondern eine ganz andere und zusätzliche Art der ‚Kundenbindung' wahrnehmen.

Die Idee der **„Spahn-Welt“ hat für Aufsehen gesorgt.** Wir sprechen ganz bewusst Lebensbereiche an, die nichts mit unserem Kerngeschäft zu tun haben. Hierzu laden wir unsere Kunden ein. Und siehe da: jedes Mal volles Haus!

Ob Reisen, Gourmet-Trips nach Frankreich, Unternehmerworkshops in unserem Hause, oder Abenteuer im Hochseilgarten – alles erregt Aufsehen bei unseren Kunden. **Bei unseren Events und Incentives ist stets die ganze Familie unserer Kunden willkommen.** Und das ist ein wichtiger Schlüssel für unseren Erfolg!

Ich habe gelernt umzudenken, frei nach Tucholsky:

Der Verkauf unserer Produkte ist die Tatsache, doch **die Meinung unserer Kunden über uns ist entscheidend!**

Und hierzu gehört die „Spahn-Welt“, die wir unseren Kunden mit Spaß und Freude bieten!

◆ ◆ ◆ ◆ ◆ ◆ ◆ ◆ ◆ ◆

Anke Winkler

Schauspielerin in Berlin
Autorin
ankewinkler@yahoo.de

Anerkennung!

Tausend Wörter reichen nicht aus,
ich will es noch mal hören.
Zwischen Kritiken und Applaus
muss ich auf das Streben schwören.

Doch hunderte Sätze schlagen ein Wort.
Das Lob des Herzens mein größter Gewinn.
Der wandernde Geist, mal hier, mal dort.
Aus dem Beifall der Liebe erfüllt sich mein Sinn.

Geschichten der Menschen, doch das wahre Lachen,
die Sonnenstrahlen der reisenden Zeit,
sie ließen in mir einen neuen Menschen erwachen,
und formten mich zu einer Persönlichkeit.

Liebe, wie Goethe es schon sagte, belebt.
Diese Weisheit der Geschichte bringt mir Glück.
Das mein Sein auf diesem Wege strebt,
und so erst kehre ich zu mir selbst zurück.

Worte, viele Sätze, doch nur einige klingen,
verankert in der Seele bin ich auf der Spur.
Die Sprache des Herzens soll in mich dringen,
das schönste der Anerkennung, die Liebeskur.

Gefühle schenken im Nehmen und Geben,
im Moment der sonnigen Zeit.
Auch einige Schwächen zu erleben,
aus Fehlern zu lernen, das ist gescheit.

Doch ohne die Liebe, ohne dies Wort,
da rufe ich nach unendlichem Beifall der Welt.
Bleibe und komm, sei nicht zu oft fort,
weil sonst die Macht sich in mir erhellt.

◆ ◆ ◆ ◆ ◆ ◆ ◆ ◆ ◆ ◆

Gernot Wöhlk

Geschäftsführender Gesellschafter
der Wöhlk GmbH Holz und Baustoffe
g.woehlk@woehlk-gmbh.de
www.woehlk-gmbh.de

Mit Strategie und Zielklarheit zum Erfolg!

Sich zusammensetzen und gemeinsam Ziele formulieren ist die eine Sache.
Doch was gehört unbedingt dazu, dass Sie diese Ziele auch erreichen können?

1. **Die Philosophie**, die wir in einem Satz für uns formuliert haben:

„Wir behandeln unsere Kunden so,
dass sie gerne und jederzeit wieder zu uns kommen!“

2. **Die Mitarbeiter**, für die in unserem Unternehmen folgende Präambel gilt:

„Ein leistungsfähiges Wöhlk-Team besteht aus hoch motivierten Einzelpersonen, die einander ***vertrauen,*** *zielgerichtet* ***arbeiten,*** *wirkungsvoll* ***kommunizieren, respektvoll miteinander*** *umgehen, sich* ***aufeinander verlassen,*** *ihre Ziele* ***strategisch*** *verfolgen, und sich kontinuierlich* ***weiterbilden****!“*

3. **Die unterstützenden Strategien und Techniken.** Hierzu zählt vor allem
   - der Einsatz modernster IT-Kommunikation
   - eine zukunftsweisende Logistik
   - moderne Lagerhaltungssysteme
   - eine erfolgsorientierte Vertriebssteuerung
   - ein Erlebniskauf-Ambiente
   - gezielte Öffentlichkeitsarbeit,
   - die Ausbildung von eigenem Fachpersonal mit jährlich über zwanzig Auszubildenden
   - die Kundennähe durch unsere Standorte in Bautzen, Cottbus, Dresden, Görlitz, Leipzig und Liberec.

Herrn Prof. Klaus-Peter Dreykorn danke ich an dieser Stelle, der seit vielen Jahren erfolgreich als Trainer und Coach in unserem Unternehmen tätig ist.

◆ ◆ ◆ ◆ ◆ ◆ ◆ ◆ ◆ ◆

Schlusswort

"Zu allem was du tust gib' dir erst ein WARUM, dann kannst du jedes WAS + WIE erfragen!"

Mein Buch hat dir viele Ideen, Tipps und Anregungen gegeben. Manches war sicherlich neu und anderes eine Auffrischung für dich.

Die praktische Anwendung ist für dich entscheidend, weil dein Erfolg von dem Wissen zu deinen persönlichen und sozialen Kompetenzen abhängt.

Wenn du erkannt hast, dass dein Unterbewusstsein vorwiegend dein Leben bestimmt, wirst du die **geheime Macht in dir zur Wirkung bringen**!

Ich wünsche dir für dein privates und berufliches Leben viele Erfolge!

Klaus-Peter Dreykorn

Anhang 1

„Du, ich hab‘ Tränen gelacht!“

Anatomie und Psychologie vom Lachen und Weinen.

Nichts ist so wenig steuerbar wie ein Lachen. Keine Regung des Menschen legt so unverhüllt offen, was im gleichen Moment in seinem verborgenen Inneren vor sich geht. In meinen Trainings beobachte ich stets das Lachen anderer.

Tun Sie es doch selbst einmal. Sie werden staunen und etwas ganz entscheidendes erfahren. **Vokale prägen das Lachen!** Das 'A' nimmt in der Bewertungsskala den ersten Platz ein:

Wer auf 'A' lacht, gilt als unbekümmert, selbstbewusst, zufrieden mit sich und der Umwelt. Vitale Menschen, die andere mitreißen können, ihre Ziele gradlinig verfolgen und es nicht nötig haben, Hintertüren zu benutzen, lachen mit dem Vokal 'A'.

Ist beim Lachen ein **'Ä' oder gar 'E'** zu hören, schwinden sofort die Sympathien. Dieses Lachen hat etwas Meckerndes, Hämisches und Schadenfrohes an sich. Es ist auch das Lachen der Arroganten.

Ein Lachen auf 'I', typisch für viele junge Mädchen und Frauen, eher als Kichern zu definieren. Es hat nichts mit einem herzhaften, offenen, befreienden Lachen zu tun. Hieraus lassen sich gewisse Unsicherheiten schließen.

Ein Lachen, bei dem **der Vokal 'O'** vorherrscht, klingt nicht nur dröhnend und prahlerisch. Hohn, Trotz, Überheblichkeit und Protest klingen mit. Ehrliche Absichten stecken selten dahinter. Wichtigtuerei und Egozentrik, gepaart mit kalter Berechnung und Hinterhältigkeit, fordern auf, uns vor den O-

Lachern zu hüten.

Übrig bleiben noch **die U-Lacher.** Diese Lacher sind kaum vom Weinen zu unterscheiden. U-Lacher gelten als sensibel und sind leicht zu beeindrucken.

Sie leiden meist selbst unter ihrer Furchtsamkeit. U-Lacher sind zum großen Teil mimosenhafte Menschen, die wir nicht mit besonderer Verantwortung belasten sollten. Menschen die auf 'U' lachen, führen keine bösen Absichten im Schilde. Sie sind lediglich labil und leicht einzuschüchtern.

Wesentliche Forschungen zum Lachen und Weinen haben Dr. John Diamond und Dr. Henri Rubinstein durchgeführt. Deshalb müssen wir uns auch der Anatomie des Lachens widmen:

Erfreuliche, erheiternde, überraschende Wahrnehmungen (etwa beim Hören eines Witzes), lösen einen Reflex beim Lachmuskel ‚Zygomaticus' aus. Dieser Muskel zieht die Mundwinkel nach oben. Gleichzeitig gestaute Atemluft wird rhythmisch ausgestoßen. Ein herzhaft auf den Vokal 'A' lachender Mensch lässt nicht nur psychologische, sondern auch körperliche Gesundheit erkennen. Beim Lachen bekommen die Lungen mehr Sauerstoff. Das regt gleichzeitig die Herztätigkeit an. Unser Gehirn sondert vermehrt Endorphine ab, die z.B. auf Schmerzen dämpfend wirken, wie ein körpereigenes Opiat. Hinzu kommt, dass sich das Zwerchfell beim Lachen mit großer Heftigkeit bewegt. Es massiert wohltuend die benachbarten Organe: Herz, Lunge, Leber und Bauchspeicheldrüse.

In jahrelanger Arbeit hat der französische Arzt, Dr. Henri Rubinstein, die Auswirkungen des Lachens auf den Organismus erforscht. Durch regelmäßige 'Lach-Sitzungen' therapiert Rubinstein in seiner Pariser Praxis so unterschiedliche Leiden wie Herzkranzgefässverengung, Arthrose, Depressionen und chronische Muskelverspannungen. Lachen fördert die Entspannung und die Produktion von Endorphinen. Eine einzige Lachminute bewirkt eine Entspannung des gesamten Organismus, die bis zu 45 Minuten anhält.

Mehr noch: einige Lachminuten, auf den ganzen Tag verteilt, sind mindestens einer Stunde Gymnastik gleichzusetzen.
Dass Lachen gesund ist, haben amerikanische Wissenschaftler experimentell bewiesen. Bei den fröhlich lachenden Versuchspersonen fielen die Substanzen, die in Stresssituationen vom Körper verstärkt produziert werden, weit unter den Normalwert zurück. Bei allen 'Lachern' stieg der Spiegel der Wachstumshormone deutlich an. Die Schlussfolgerungen aus diesen Experimenten waren eindeutig für das Forscherteam:
Ein erhöhter Stresshormonspiegel wirkt sich negativ auf das Immunsystem aus.

Lachen und Fröhlichkeit indessen, die Stresshormone mindern, begünstigen somit die Abwehrkräfte des Organismus. Killerzellen im Blut, die Viren und Bakterien bekämpfen, werden gleichzeitig aktiviert. Das gesamte Abwehrsystem gerät in einen positiveren Zustand. Halten wir es also künftig mit einem chinesischen Sprichwort: **"Ein Tag ohne Lachen ist ein verlorener Tag!"**

Nicht nur Lachen, auch Weinen ist gesund.

Der Stoff aus dem die Tränen sind, birgt noch Geheimnisse. Er enthält Eiweißsub-stanzen, ein Hormon, das bei Stress ausgeschüttet wird, und nicht restlos definierte Stoffe schädlicher Art, die mit den Tränen aus dem Körper gespült werden. Hierfür spricht, dass sich nahezu jeder Mensch besser fühlt, wenn er sich einmal richtig ausgeheult hat.

Der amerikanische Wissenschaftler, Dr. William Frey vom

Ramsey-Hospital in Minnesota stellte fest: **"Wer nie oder nur ganz selten weint, leidet öfter an Magengeschwüren, Darmentzündungen und Herzerkrankungen."**
Frauen weinen etwa fünfmal häufiger als Männer, die Tränen immer noch als ein Zeichen von Schwäche und Gefühlsduselei empfinden. Das war nicht immer so. Germanen, von Historikern gern als robuste Gesellen darge-
stellt, weinten oft und ausgiebig. Ihren gefallenen Kriegern gaben sie gar gefüllte Tränenkrüge mit ins Grab. Die Helden der Antike (Hektor oder Achilles), waren die reinsten Heulsusen.

Fortschrittliche Mediziner und Psychologen empfehlen speziell ihren männlichen Patienten, die im Beruf den harten, unerschütterlichen Entscheidungsträger darstellen müssen, auf keinen Fall das Schluchzen und Weinen zu unterdrücken.

Dass den Frauen soviel öfter als Männern die Augen übergehen, liegt nach jüngsten Erkenntnissen nicht nur an den Rollenklischees. Weibliche Rührseligkeit hat klar erkennbare organische Quellen. Für den Tränenfluss ist das Hormon 'Prolaktin' verantwortlich, das auch die Milchproduktion in den Brustdrüsen steuert.

Dr. Frey konstatierte, dass der Prolaktinspiegel bei Frauen um 60 Prozent höher liegt als bei Männern.

Vor der Pubertät ist er bei Mädchen und Jungen gleich hoch. Beide Geschlechter weinen in diesen Jahren auch ebenso häufig. Der Biochemiker Frey entdeckte in den Tränen das Stresshormon ACTH, welches bei seelischen und körperlichen Belastungen freigesetzt wird.

Was später an weiblichen Wangen hinunterkullert, zeigt jedoch durchaus nicht immer Schmerz und Trauer an, sondern signalisiert genauso häufig Hilflosigkeit und Anlehnungsbedürfnis. Es aktiviert seit jeher alle möglichen männlichen Beschützerinstinkte.

Wichtig: Wer weint, entgiftet den ganzen Organismus. Nun könnten Gesundheitsfanatiker auf die Idee kommen, sich eine tränenreiche Entschlackung zu verordnen, indem sie, mangels Kummer, Zwiebeln schneiden. Dabei weint man zwar, doch es werden keine Stresshormone ausgeschieden. Die Natur hat es so weise eingerichtet, dass nur bei echten Gemütsbewegungen Körper und Seele durch den Tränenfluss profitieren. Tränen sind Perlen der Entspannung und Entlastung. Ich sage: **"Wer sich seiner Tränen schämt, schämt sich seiner Seele!"**

Lösung : NASA-Spiel

Ausrüstungs-gegenstände	Einzellösung		Lösung	Gruppenlö-sung	
	Rang-folge	AF*		AF*	Rang-folge
Streichhölzer			**15**		
Lebensmittelkonzentrat			**4**		
Fünfzig Fuß Nylonseil			**6**		
Fallschirmseide			**8**		
Tragbares Heizgerät			**13**		
Zwei 0,45 Kal. Pistolen			**11**		
Trockenmilch			**12**		
Zwei Tanks Sauerstoff			**1**		
Stellar Mond-Atlas			**3**		
Sich selbst aufblasendes Lebensrettungsfloß			**9**		
Magnetkompass			**14**		
Fünf Gallonen Wasser			**2**		
Signalleuchtkugeln			**10**		
Erste-Hilfe-Koffer mit Injektionsnadeln			**7**		
Mit Sonnenenergie angetriebener UKW-Sender			**5**		

Lösungen: Teste dein Konfliktverhalten

1 **Antwort C ist richtig.**

a) Diese Antwort ist zu nachgiebig. Du ziehst dir auch den Unwillen der anderen zu, da die Kundin sich ohne zu fragen rücksichtslos vorgedrängt hat.

b) Diese Antwort ist etwas zu unhöflich.

2 **Antwort A ist richtig.**

b) Diese Antwort ist zu ausfallend, denn auch der Verkäufer kann sich einmal irren.

c) Wenn du dich im Recht fühlst, solltest du dich durchsetzen und nicht auf dein Geld verzichten, nur um Ärger zu vermeiden.

3 **Antwort C ist richtig.**

a) Auch wenn die Dame dir diese Antwort in den Mund legt, solltest du kritischer sein und deshalb auf die noch leeren Sitzplätze hinweisen.

b) Du lässt dich leicht zu Vorurteilen verleiten. Es besteht kein Grund, sich hier aktiv einzumischen.

4 **Antwort B ist richtig.**

a) Du solltest dem emotional erregten Autofahrer sachlicher antworten.

c) Du lässt dich zu stark provozieren und vergisst, dass es auf eine sachliche Lösung des Problems ankommt.

5 **Antwort A ist richtig.**

b) Diese Antwort ist etwas zu unhöflich.

c) Diese Antwort ist zu gutmütig. Du solltest dich etwas mehr durchsetzen, damit du nicht ausgenutzt wirst.

6 Antwort B ist richtig.

a) Man wirft dir einen Betrug vor. Du darfst dich also nicht einschüchtern lassen.

c) Deinem Vorgesetzten gegenüber solltest du in dieser Situation sachlich antworten. Auf keinen Fall darfst du dich dabei zu Emotionen hinreißen lassen.

7 Antwort B ist richtig.

a) Mit dieser Antwort ordnest du dich zu sehr unter. Es besteht dann die Gefahr, dass man dich ausnutzt.

c) Deinem Vorgesetzten gegenüber solltest du freundlicher antworten und dich nicht von deinem berechtigten Ärger zu Emotionen hinreißen lassen.

8 Antwort B ist richtig.

a) Du ordnest dich zu schnell unter und solltest dich mehr durchsetzen.

c) Du lässt dich zu Emotionen hinreißen und provozierst dadurch eventuell einen Streit.

9 Antwort A ist richtig.

b) Diese Antwort ist zu nachgiebig. Du schluckst dabei deinen Ärger herunter.

c) Diese Antwort ist zu aggressiv, dadurch kann allzu leicht Streit provoziert werden.

10 Antwort C ist richtig.

a) Diese Antwort ist zu provozierend. Eine Lösung des Problems wird nicht angedeutet.

b) Du fügst dich zu schnell, ohne eine Lösung für die Zukunft anzudeuten.

11 Antwort A ist richtig.

b) Du kannst nicht "nein" sagen und gibst nach.

c) Diese Antwort ist etwas zu unhöflich, weil du eine knappe Antwort gibst.

12 Antwort B ist richtig

a) Mit dieser Antwort gibst du zu schnell nach.

c) Diese Antwort ist etwas zu unhöflich.

13 Antwort B ist richtig.

a) Du lässt dich leicht beeinflussen. Das könnte als Schwäche ausgelegt werden.

c) Diese Antwort ist angriffslustig und unsachlich, denn wer gegen den Plan ist, will sich nicht zwangsläufig auch vor dem Putzen drücken.

14 Antwort C ist richtig.

a) Diese Antwort ist etwas unhöflich und unsachlich.

b) Diese Antwort ist zu nachgiebig und wird vielleicht als Schwäche ausgelegt.

Auswertung

Freundschaftsprofil

bis 9 Punkte	Warum verschwendest du deine wertvolle Zeit mit diesem Menschen?
10 – 11 Punkte	Ein **guter Bekannter.** Du solltest es dabei belassen.
12 – 13 Punkte	Ein **sehr guter Bekannter**, der dir zuhört, und mit dem du dich gut unterhalten kannst.
14 – 16 Punkte	Ein **guter Freund**, mit dem du jedoch noch nicht durch ‚Dick und Dünn' gehen kannst. **Ein Ausbau dieser Beziehungen lohnt sich! Überprüfe, woran es liegt.**
17 – 18 Punkte	Herzlichen Glückwunsch! Ein **sehr guter Freund**, auf den du bauen kannst!

1,0 bis **1,7**	Es gibt bezüglich der Kriterien so gut wie nichts zu verbessern. Vorbildlicher Gesamteindruck.
1,8 bis **2,4**	Du erfüllst die Kriterien im Großen und Ganzen. Es gibt den einen oder anderen Punkt an dem du noch feilen musst.
2,5 bis **3,0**	Du erfüllst die Kriterien durchschnittlich. Du zeichnest dich weder durch eine Abweichung nach oben, noch nach unten aus. Überlege, welche notwendigen Schritte dir helfen können, und ob du eine Führung wirklich anstrebst.
ab 3,1	Für Führungsaufgaben ist eine erhebliche Entwicklung notwendig. Manches Kriterium mag zwar gut ausgeprägt sein, jedoch fehlen dir etliche wichtige Führungsvoraussetzungen. Du musst noch einiges lernen, bis die erforderlichen Fähigkeiten vorhanden sind.

Weiterführende Literatur und Quellenverzeichnis:

Als Autor weise ich dich gerne auf die folgenden Bücher, Veröffentlichungen, Studien, Texte und Statements, die mir für die Entstehung dieses Buches wichtig und nützlich waren:

Bach, George R.: "Streiten verbindet" (Amazon)
Bales, R. F.: „Interaction Process Analysis" (Addison-Wesley, Reading/Mass. 1950)
Berne, Eric: „Spiele der Erwachsenen" (Rowohlt)
Birkenbihl, Vera F.: „Das innere Archiv" (Amazon)
Bradshaw, John: „Mut zur Selbstverantwortung", (Heyne)
Cerwinka/Schranz: „Die Macht des ersten Eindrucks" (Ueberreuter)
Czierwitzki, Manfred: „Positives Denken gezielt einsetzen" (Gondrom Verlag)
Dittrich, Helmut: „Jeder kann Karriere machen" (Humboldt Verlag)
Dreykorn, Klaus: „Erfolgsreport" (ISF Management Consulting)
Dreykorn, Klaus: „Wertschätzung zwischen Mann + Frau" (E-Book, ISF Management Consulting)
Drucker, Peter F.: „Die ideale Führungskraft" (Amazon)
Dychtwald, Ken: „Körperbewusstsein." (Synthesis Verlag)
Engel, Wilhelm: „Script: Soziale Fähigkeiten", Königsteiner Akademie
Fit For Fun – Online Redaktion
Freie Enzyklopädie (Wikipedia)
Glas, Lillian: „Sag doch einfach, was Du denkst!" (Oesch)
Hansen, Hartwig: „Die Liebe wieder finden" (Amazon)
Harris, Thomas A.: „Ich bin o.k. – Du bist o.k." (Rowohlt)
Havener, Thorsten: „Die Macht der Gedanken" (Rowohlt)
Herz, Eduard: „Vollendung im Geschlecht" (Glock + Lutz)

Holm-Hadulla, R. M.: „Kreativität. Konzept und Lebensstil“ (Verlag Vandenhoeck & Ruprecht)
Jung, C. G.: „Typologie.“ (Deutscher Taschenbuch Verlag)
Kaufmann: „Shame: The Power of Caring“ (Schenkman)
Langmaack, Barbara: „Themenzentrierte Interaktion.“ (Psychologie Verlags Union)
Lehnert, Karl: „Konfliktmanagement und Konfliktsteuerung“, Manuskript/Vorlesung
Matschnig, Monika: „Körpersprache verstehen.“ (Gabal)
Miller, Alice: „Am Anfang war Erziehung“ (Frankfurt 1980)
Murphy, Joseph: „Die Macht Ihres Unterbewusstseins“, Knaur Verlag)
Kirst, Werner: „Kontakttraining“ (Rowohlt-Verlag)
Peale, Norman V.: „Was Begeisterung vermag“ (Orbis)
Perel, Esther: „Wild Life – Die Rückkehr der Erotik in die Liebe“ (Piper Verlag)
RoAne, Susan: „Sag doch einfach Hallo“ (Oesch Verlag)
Rückle, Horst: „Körpersprache für Manager“ (Verlag Moderne Industrie)
Tepperwein, Kurt: „Die geistigen Gesetze“ (Goldmann)
Vopel, Klaus und Renate: „Lebendiges Lernen und Lehren“, (ISKO-Press, Hamburg)
Winkler, Nina: „Venus-Workout“ (Knaur-Verlag)“
Wirtschaftsmagazin „infoquelle“
Wordpress
Zukunftsinstitut GmbH, Kelkheim
Bildmaterial: Fotalia, Bigstockphotos

Zum Autor

Klaus-Peter Dreykorn,

gründete 1980 ISF Management Consulting und bereits fünf Jahre später die ISF RhetorikAkademie. Er ist Gastprofessor, coacht, trainiert und berät Unternehmer, Führungskräfte und qualifizierte Mitarbeiter in den Kompetenzbereichen FÜHREN, REDEN UND VERHANDELN.

Mehr als 30.000 Personen nahmen an seinen Seminaren, Trainings, Workshops und Coachings teil. Über 400 Unternehmen hat Klaus-Peter Dreykorn bis heute beraten. Zusätzlich trainiert er Journalisten, Moderatoren und Politiker.

Klaus-Peter Dreykorn entwickelte die PROTORING®-Erfolgsmethode, die von Unternehmen, Verbänden und Hochschulen beachtet und anerkannt wird.

Klaus-Peter Dreykorn ist Member of GSA (German Speakers Association e.V.), Präsidiumsmitglied der privaten Association „Speakers Society ENB“ und zählt zu den führenden Coaches und Trainern im deutschsprachigen Europa.